エンドレス・ジャーニー

終わりのない旅

秋吉敏子
Toshiko Akiyoshi
聞き手◎岩崎哲也

祥伝社

エンドレス・ジャーニー

終わりのない旅

他人があれこれ言うのは、
自分ではコントロールできない。
そういう、自分のコントロール
できないものは、心配しない。
そのかわり、コントロールできるところで
何か悪いところがあったら、直す。
この簡単な二つのルールは、私の心を強くした。

（第一章より）

1946年、大分でジャズ・ピアニストの活動を開始。
1953年、来日したオスカー・ピーターソンに見出され、
米国メジャーレーベルからレコードデビュー。写真は、
1954年、新宿伊勢丹進駐軍クラブにて

はじめに

このたび、私の七二年間の音楽生活について、いろいろな思いを一冊の本にまとめることができて大変に嬉しく思います。

私は満州で生まれ、戦後日本に引き揚げてジャズ・ピアニストとして楽歴をスタートしました。東京でしばらく活動した後、いろいろな偶然が重なりアメリカに渡ることができました。ボストンに留学、ニューヨークで活動した後、ロサンジェルスに移りました。ここで自分のビッグ・バンドを持つことになり作曲を始めたのですが、思いがけず多くの方から支持をいただきました。そして再びニューヨークに移り、二〇一七年の今年、アメリカでの音楽生活も六一年になります。生まれたのは中国、母国は日本、そして仕事場はアメリカ。三つの国で生きてきた私が、ジャズを通して考えてきたこと、学んだこと、経験したこと、出会ったことをお話ししたいと思います。

本書は、私の音楽を三〇年近く支えてくださっている、スタジオ・ソングスの岩崎哲也《いわさきてつや》さんによる聞き書きです。
インタビューは、二〇一七年四月にニューヨークの私の自宅で四日間、計一〇時間行なわれました。七二年に及ぶ私のジャズ生活について、ピアノ、作曲、一九六〇年代のアメリカ、出会ったジャズ・ミュージシャンたち、最近の活動などのテーマでお話ししました。ここで初めて語ったこともあります。これまで活字にならなかったことも、お話しできたと思います。

私は、まだまだ音楽の仕事を続けたいと考えております。

三〇年前には考えの及ばなかったことが、最近になってようやく理解できたと感じることもありますし、音楽家という仕事は、終わらない旅をしているようなものだと思います。本書の題名は、そんな思いをこめて、私の作った曲「エンドレス・ジャーニー」から引いてつけました。

私の音楽人生についての話が、皆様の心のどこかに少しでも残ることがあれば、それは大きな喜びです。

二〇一七年一〇月

秋吉敏子《あきよしとしこ》

エンドレス・ジャーニー
終わりのない旅
目次

〔第五章〕ロング・イエロー・ロード——終わりのない旅 183

装丁　フロッグキングスタジオ
帯・本文215ページ写真撮影　岩崎哲也
カバー写真・本文章扉自筆譜　秋吉敏子筆
本文写真提供　秋吉敏子

第一章

七〇年のジャズ生活

——今だからわかること

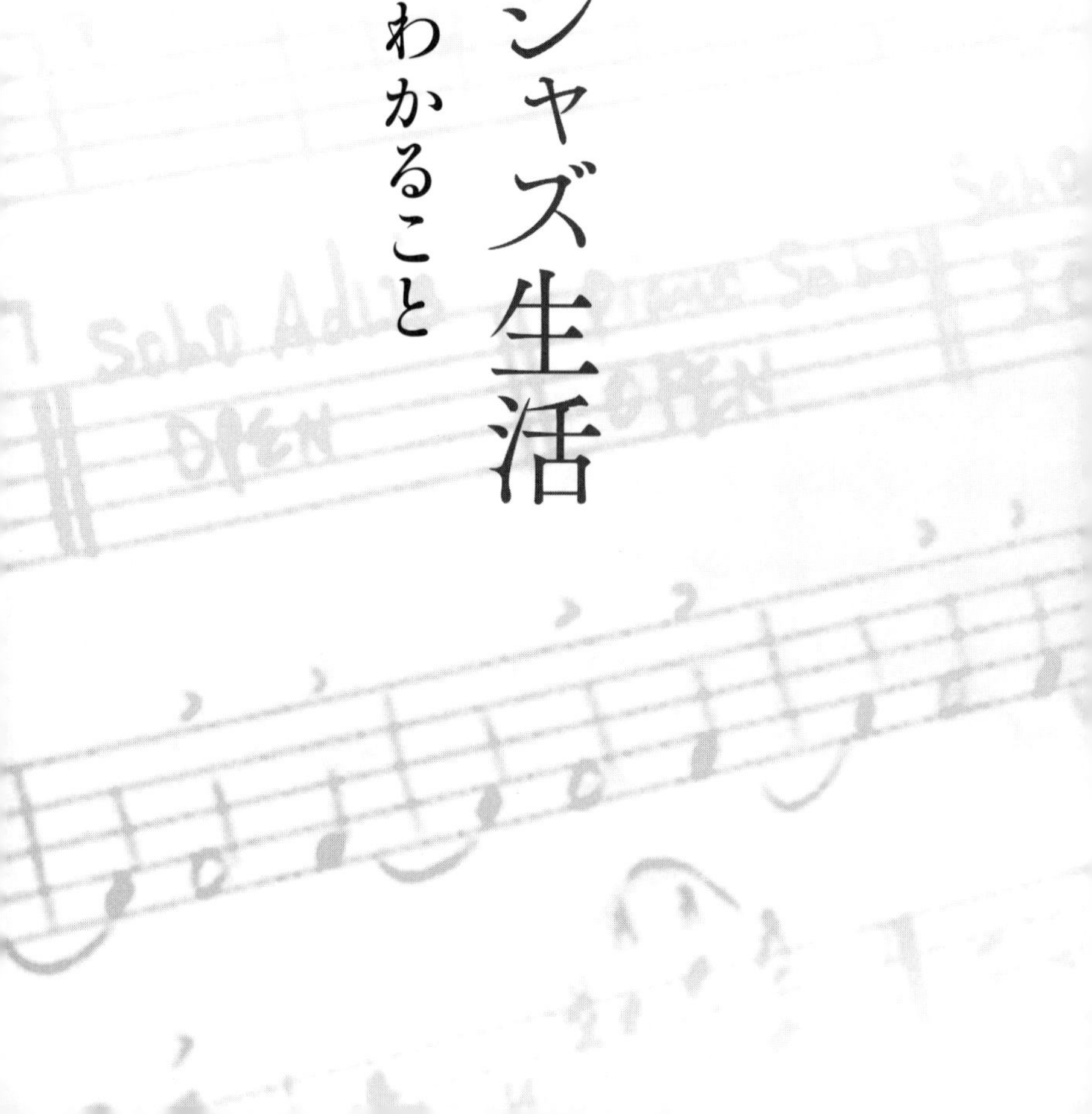

「まずいな」という思いが
いつも私を動かしてきた。

自分に親切にしてあげる。自分にチャンスを与えてあげる

秋吉敏子。ジャズ・ピアニスト／作曲家。一九二九年旧満州遼陽《りょうよう》生まれ。小学校三年のとき、上級生の弾く「トルコ行進曲」に魅せられ、ピアノを始める。戦後大分に引揚げ、一六歳のとき、別府《べっぷ》の「つるみダンスホール」でピアニストの職を得る。それから始まった彼女の音楽生活は今年（二〇一七年）七〇年を超える。

自分に厳しいのではない。自分に親切にするのです

ここまで音楽生活を続けてこられた理由、それはmeasurement（ものさし、はかりの意＝どれだけ）、つまり、どれだけ長く続けられるかというのは、どれだけ自分が、その仕事を愛してるかということに尽きるのだと思います。ある意味で、結婚と同じですね。愛してれば続くわけで

す。
愛とひとことで申しましても、七〇年の間には、その時々、そのときの状況や環境によって、愛はいろいろな形で自分自身を突き動かしてきました。

これまで音楽をやっていて、いつも思うことは、「まずいな」という気持ちですね。私が音楽生活を長く続けてこられたのは、何かまずいことがあって、それをまずくないように、自分で改めよう、勉強しようみたいなのがいつもあったからです。

こういうお話をしますと、たとえば、ピアノの演奏にしても、作曲に関しても、私はよく他人から「自分に厳しい」と言われますが、それは少し違うのだと思うんです。

私は、自分に厳しいのではない、自分に親切にする。

Be kind to yourself.

自分に親切にするとはどういうことかというと、「今日はもう疲れたから寝て自分を休ませてあげよう」「がんばったから、このくらいでよしとしましょう」ということではないんですね。

自分がどこまで行くか、自分がどこへ行きたいか、そして自分が行きたいところに行けるためのチャンスを自分に与えてあげる、ということです。

たとえば、この曲は一〇〇回演奏されるから丁寧《ていねい》に書こうとか、一回限りの演奏だからこのくらいでよしとしようとか、そういうことはしないということですね。

曲を書くというのは、私の場合、自分がこれなら今晩眠れるという、それぐらいの満足できるものを書かなければならないし、そう努《つと》めています。そうやって書いた曲がどのように評価されるかは、死んだあとに評価されればいい。良いもので残る作品なら、誰かが演奏するでしょうから。

いつも自分に親切に、そしていつも何か「まずいな」という思いがあれば、いつも何かやることがあるわけですね。音楽をやっていて「まずいな」っていう思いがあること。これが私の音楽への愛のひとつでしょう。

言い換えれば、それがなくなっちゃったり、嫌になっちゃったら、音楽生活をやめちゃうことになるわけです。

二回だけ、音楽をやめようと思ったことがあったけれど

そんなふうに、「まずいな」と思っていつもそれを乗り越えようとしてここまできましたので、音楽的な理由でやめようと思ったことは一度もありませんが、ほかの理由で、やめようと思ったことは、これまでに二回あります。

最初は、娘ができて、それで、家庭の事情で最初の夫のチャーリー・マリアーノと一九六五年に別居したとき。私はジャズ・ミュージシャンとして、娘を育てる収入を得られるか、その自信がなかったのです。子どもは小さくならない、大きくなりますからね。そうすると、学校の費用もかかるし。

しょうがない、仕事を夜のピアノ弾きから昼間のオフィスワーカーに切り替えようと思って、職業紹介所へ行ったわけです。

けれども、タイプも打てない、速記もできない。ピアノは弾けても全然役に立たないわけですよね。結局、仕事は見つかりませんでした。そしたらたまたま広告で、オフィス事務の学校を見つけた。入学費は一〇〇ドルだったけど、それを払って学校に入ろうかなと思ったわけです。と

ころが、二カ月の講習を受けて、仕事が来るのを待ってる間に、ジャズ・クラブの「ファイブ・スポット」から「うちでソロ・ピアノやらないか」っていう話が来た。それでオフィスワーカーへの転身はおじゃん。ジャズ・ミュージシャンの道に戻ることになったのです。

たぶん仏様が「やめないで音楽でいきなさいよ」って案配してくださったのでしょう。そういうふうに、私はうまい具合に仕事が来たんだと思います。それも、音楽を愛し続けてるからこそ、だと思うんです。もうやめるしかないという状況になっても、うまくピアノ演奏の仕事が入って、というめぐりあわせがありました。

二回目にやめようと思ったのは、一九六九年に再婚した夫ルー・タバキンの仕事で、ニューヨークからロサンジェルスに移るときでした。私はジャズの世界に、別に革命も何も起こさなかったから、ここでやめたって誰も損するわけじゃないから、やめちゃおうと思ったんです。このときも、ルーが私の作曲した音楽だけを演奏するビッグ・バンドをやろうと提案してくれて、音楽を続けることができました。当時のアメリカやビッグ・バンドのことは、後ほど改めてお話ししましょう。

まだまだ、生涯やっぱりやることがあるわけですよ。ピアノを弾いて「ちょっとまずいな」と思ったりとか。で、たまに頭に電気がポッとついて。同じ曲を弾いてても、以前とは違うというか、何か新しい発見が必ずあるわけですよね。

私のジャズ生活は、まだまだ続きます。何かしら新しい発見があるわけですから。

コントロールできないものは心配しない

アメリカ、ボストンのバークリー音楽院留学の三年目には「マドモアゼル」誌の「ベスト10ウィメン・オブ・ザ・イヤー」に作曲家部門で選出されるなど、注目されるようになっていった。その頃から、「彼女は日本人で女だから珍しがられているんだ」「来て間もないのに、前から努力して功績を積み重ねているベテランをのけていろいろ賞をもらうなんて、幸福な女性だよ」などの評が書かれるようになって、むやみやたらに叩《たた》かれるようになっていった。そのとき、秋吉は二つのルールを決めたという。

「日本のプレイヤーは出所《でどころ》が正しくない」という批評に夜も寝られなかった

たとえば、最初のビッグ・バンドのアルバムがカリフォルニアで出たときに、大方の新聞からは評判が良かったのですが、ある新聞の記者は、おもしろくなかったんでしょうね、「彼女の本質を疑う」、"I question her authenticity."と書かれました。日本のプレイヤーはオーセンティシティーじゃない、つまり出所が正しくない、ということです。

これは、音楽の批評じゃないわけですね。なぜ彼はそう言ったか、私には理由はわかっていました。

おそらく昔からの知り合いや友人が評価されていないのに、秋吉敏子は日本人のくせに注目されて生意気な、という腹立ちがあったのでしょう。「彼女はアメリカ人でも、ヨーロッパ人でも、アフリカから来たアメリカ人でも、ヨーロッパから来たアメリカ人でもないのに、みんなから注目集めて」、それがおもしろくない。で、"question her authenticity" というわけです。

そういうこと書かれると、私はもう、夜も寝られなかった。若いときはね——若いときって、中年でもいいですけど——、人からの批評が猛烈に気になったわけです。

私の心を強くした二つのルール

そんなとき、どうしたらいいか。

私は考えて、簡単な二つのルールを決めたわけです。

他人があれこれ言うのは、自分ではコントロールできない。そういう、自分のコントロールできないものけ、心配しない。そのかわり、コントロールできるところで何か悪いとこがあったら、直す。この二つのルールを決めちゃったわけです。

そうすると、変なことに神経使ってノイローゼになることもなくなった。

日本人であることは、自分でコントロールできない。他人が私を批評することも、私にはコントロールできません。でも、自分の悪いところを直すことはできます。お尻に鞭《むち》打ってピアノの練習をするとか、考えて曲を作るとか、自分で変えられるところは変えていく。

とはいっても、全然心配しないというのは、人間ですから誰でもまず不可能なのですが、なるべく心配しない努力をします。このルールは、私の心を強くしました。

人は環境を選ぶことができる

秋吉は、三つの国で生きてきた。

秋吉のパワーの源には、満州で生まれて十代を過ごした経験が、何かしら影響しているのではないか。アメリカで仕事を続ける秋吉にとって、三つの国で生きることはどういう意味を持つのだろうか。

三つの国で生きてきて

私には三つ、国があります。

生まれ故郷の中国、母国である日本、そして仕事場のアメリカ。生まれた国と母国は変えられないけれど、アメリカは私の意思で選んだ国だと言ってもいい。もちろん、運や偶然もありましたけれど。

我々人間は、どうしても環境に影響されます。もちろん、自分で変えることができない環境もあるし、環境は偶然や運に大きく左右されるものでもあるでしょう。でも、人には移動するという力もある。環境を自分で選び取ることもできるのです。

人間とは環境に影響される生き物

昭和一桁《ひとけた》生まれの人間は強い、と誰かが言っているのを聞いたことがあります。私は昭和四年生まれですから、強い人間みたいです。

満州生まれは、いわゆる日本――我々は内地《ないち》って言いますけど――生まれみたいにショボショボしていなくて、視野が大きくておおらか、って何かの本で読んだのですが、それはあるかもしれないですね。視野が広い。まあその人によってでしょうけど、私はそれを感じますね。

やはり生まれたところの環境、そこの空気を吸って育ったら影響はあると思います。

昔の日本は、いわゆるお隣の人のことをすごく気にするとかいろいろありますでしょ。そういうのが満州で生まれた連中にはない。私自身もそういう感じがあります。

詳しくはあとで改めてお話ししますが、一九五六年、オスカー・ピーターソンに見出《みいだ》されてレコード・デビューしてアメリカに勉強に行く、というのは本当に偶然が重なって実現したことでした。が、仮にこのことがなかったとしても、私は何らかの方法でアメリカに行ったかもしれません。

東京でジャズをやっているうちに、もうここで学ぶことは何もなくなって、「井の中の蛙《かわず》、大海を知らず」みたいな気持ちが強くなってくれば、ピーターソンと出会わなくてもアメリカに行く方法を考えたと思います。とはいえ、当時は行きたいと思ってもすぐ行ける時代じゃないですから、アメリカの学校が受け入れますとか、会社がその人間が必要ですとか、そういう正式な理由がなければ行けない時代。だから行きたいと思っただけでなかなか実現できなかった、というのも事実です。

当時の東京のジャズ仲間たちはみんな目の前の仕事、ジャズを演奏するのに精一杯で、本場に行って勉強したい、と考えている人はいなかったように思います。

私は、ニューヨークという環境に身を置く

今はずっとニューヨークにいますが、仕事先にいるというような感じはないです。では、なぜニューヨークにいるか、ですけど、ジャズ・ミュージシャンがいちばん多くいる環境に身を置きたいというのがいちばん大きな理由ですね。

作曲というのは楽譜を作りますが、それは音楽になる可能性を書くんであって、音楽になるかならないかは、音を出すミュージシャンしだいなわけです。彼らが演奏して初めて作曲が完成する。ここニューヨークには、世界中のいちばんいいジャズ・ミュージシャンが集まっている。つまり私の音楽を表現するのにいちばんふさわしいのがニューヨーク。ニューヨークという環境を選んだ理由は、ミュージシャンなのです。

音楽をやる以上、その理想の環境に身を置きたい、そういうことです。演奏する人がいないと音楽にならない、演奏者が悪いといい音楽にならないのです。

毎日の練習には、一・五オンスの重い鍵盤

八歳でピアノを始めて以来八〇年。彼女は日々、ピアノとどう向き合っているのだろうか？　毎日のピアノの練習はどのように行なっているのだろうか。ルーティーンなどはあるのか。

ピアノのキーは毎日押さなくてはならない

ピアノで、新しい響きを探したりレパートリーを増やすようなことは、今でもしようと思ってますけど、これはなかなか大変です。

それとは別にとにかく、ピアノのキーは毎日押さなきゃいけないと思っています。第一、私は指が小さいですから、それに年齢のこともあると思いますが、動かさないと縮むんですよ。たぶん縮むと思う。特に左手のほうは、手術してますから——手術のお話は後ほどしますが、縮む、そういう可能性が、猛烈にありますから。とにかく今はオクターブがやっとですからね、私の指

は。

それで、自宅のピアノの鍵盤は、トレーニング用に重くしてもらってるわけです。筋肉が強くなるように。通常の鍵盤は一オンスくらいですが、これは一・五オンス（約四二・五グラム）ですから重いほうです。だから、ほとんどのコンサートに行っても、全然苦にならない。「ここのピアノ少し重いな」と思っても、全然大丈夫っていう感じです。鍵盤を重くしたピアノは前からずっと使っています。今部屋にあるのはヤマハの新しいモデルで日本から持ってきてもらいました。

まずハノン。そしてクラシックで予備練習

ピアノで、いきなりジャズの曲を弾くのはまずいです。まず基礎、予備練習をします。一時間のときはこれを弾いてとか、二時間の練習ではあれをやるというような、特にルーティーンは決めていませんが、必ずやるのはまずハノンです。ハノンは、ピアノを習ったことのある方にはお馴染《なじ》みの指の練習教則本ですが、これを、左手は譜面どおり、右手はその逆行を数オクターブ上

から同時に弾きます。指を動かすわけです。そのあとにクラシックの曲、たいていバッハをやるかベートーヴェンのソナタの中から弾きます。ショパンも時々弾きます。同時代にいたリストに比べても、ショパンの曲は本当に良くできています。あの人、頭良かったんだと思います。リストはどうも手がすごく長かったらしくて、奔放《ほんぽう》な演奏家だったんでしょう。

「ピアノは一日弾かないと、本人がわかる。二日だと共演者がわかる。三日だと聴衆がわかる」という言葉があります。そのとおりです。毎日ピアノを触《さわ》っていないと自分のテクニックが維持できないと思い、いやいややっています。

小指の難病、手術、リハビリ

一九九九年四月、秋吉はワシントンD.C.でソロ・ピアノ・コンサートを開いた。これはライブ・レコーディングされCDとなり、彼女のソロ・ピアノ・アルバムの代表作として大きな評価を得た。ところがこのとき、彼女は重大な危機に直面していた。左手が「ディプレインズ・コンストラクチャー」という難病に冒《おか》されていたのだ。このコンサートでは、ピアニストにとっていちばん大事な最低音を弾く左小指を使わずに、九本の指で弾いた。そして翌五月にニューヨークで入院、手術をすることとなった。

術後はまったくピアノを弾くことができず、ゆっくり指を動かすリハビリから始め、半年後、左手の小指がピアノの鍵盤を押し、小さな音が鳴ったときは、涙が溢《あふ》れたという。

半年かかった辛《つら》いリハビリ

先ほど触れた手術のお話をしましょう。

この指の病気は、主にスカンジナビア圏に症例が多く、アジア人にはほとんどないそうなんです。症状は一九九七年頃から始まって、指が曲がったり、オクターブが弾けなくなったり、と指の異常を感じていたんですが、このコンサートの頃には、左手の小指が動かなくなっていました。

手術以降、指の心配はないとも言えませんけど。今度は右手のほうが、やはりちょっとまずいんです。でも、こちらはそれほどひどくないから手術はしないつもりです。

左手はほんとにひどくて、手術やリハビリは辛かった。小指と薬指の間を切って何か中に溜まったのを取るんです。ドクターいわく、また発症するかもわかんない――"Maybe come back"って言ったけども、まあまあ、何とか、しょっちゅう擦《さ》すったりしながら気にかけています。でも何となくね、手術前のようには戻っていないと思います。

この手術は、手術自体は大したことないんだけれども、リハビリが本当に大変でした。とてもじゃないけど、もう二度と経験したくないくらいの辛さでした。空《から》っぽの小さなハンドバッグすら持てないくらいに衰《おとろ》えた筋力を回復していく。ですから、最初に鍵盤を押せたときには、ほんとに涙が出ました。でも最初は、押せたといっても、ほんのわずかな時間です。最初は長い間鍵盤を押せないわけです。回復するには、半年という長い時間がかかりました。

難病をやりすごそうと思う

それと同じ症状が、今度は右手に出始めています。痛くはないのですが。あのリハビリの辛さを思うと、もう手術はしたくないので、右手は常に指を動かすなどして、これ以上悪くならないように気をつけています。

お医者様も「手術しないで、トレーニングすれば大丈夫だよ」とおっしゃいますので。とりあえず毎日ピアノを触っていれば、そういう手術の心配もないし、演奏活動に差し障《さわ》りがない。これ以上は、指が曲がらないだろうと思いますから、これはこれで、やりすごそうと思っています。

我々ジャズ音楽家のいいところは、クラシック音楽と違って、自分の演奏技術が可能な範囲で音楽を作れるところです。これがいいとこですよね。もちろん、この曲は絶対弾けない、とまでなるとまずいですけれど。

たとえばコンサートで必ず弾く私のシグニチャー・チューン「ザ・ビレッジ」は、オクターブがないから大丈夫です。速く指を動かすほうはそんなに大変じゃないんですよ。クラシックでも、たとえばベートーヴェンの「悲愴《ひそう》 Pathetic」の一楽章なんかは、むやみやたらとオクターブがある。だから私はああいうのはだめだけど、三楽章はオクターブがほんと少ないんですよ。だから、三楽章をむやみやたらとワーッってやってるわけ。

ジャズでも、いわゆるブロック・コードといって、右手でメロディをオクターブとその中にいくつかの和音を入れて弾くというのは、結構きついんですが、私はそういうのは最近あんまり弾かないですね。オクターブでも、たとえば、私の曲「リポーズ」のように、テンポが遅い曲だと弾きやすいです。それからキーがDフラットの曲。Dフラットの曲は黒鍵が多いから、黒鍵は割にオクターブが弾きやすいのです。白鍵のほうが弾きにくいっていうのかな、きれいに弾けないですよね。だから、たまに「クラシックの曲をやってくれないかな」なんて注文来るけれども、応じられないんですよ。

生きているうちに誉《ほ》められるのは、運がいい

ジャズ・ピアニストとして音楽人生をスタートさせた秋吉だが、一九七三年、自分の曲しか演奏しないビッグ・バンドを結成した後は、作曲家として、数多くの作品、話題作、問題作を発表し続けた。ビッグ・バンド（ジャズ・オーケストラ）は、三〇年の活動を経て、二〇〇三年に解散、そして作曲生活も一段落した。また、今後、自分の音楽が遺《のこ》る、あるいは継承されることについて、自身はどのように考えているのだろうか。

ビゼーは失意のうちに亡くなった

自分の曲が私の手を離れて一人歩きするのは全然かまいません。「勝手にやってください」ですよ。自分は関知しません。

何か作ります。小説でも詩でも何でもいいですよ。私の場合は曲を書きます。そして社会に披露《ひろう》した時点で、書いたものはもう公共です。それを誰が何て言おうとかまいません。つまり、

こちらが何も意見を差し挟《はさ》めない、裁判でいうところの反対尋問を受けるのと同じ感じです。どうぞご自由にと。

だから、運よくみんなが注目してくれて、運よく共感してくれるっていうのは、非常にラッキーですよ。たとえば、ハンガリーからアメリカに来た、子どもの曲なんかも書いてる、バルトーク。あの人は、ニューヨークで、ある意味では飢《う》え死に、結局栄養失調で亡くなった。そういう人もいるわけですからね。それに、オペラ「カルメン」を書いたビゼー。パリの初演で、みんなに酷評されたそうです。で、彼は失意のうちに死んじゃった、なんてことがありますから。生きているときにみんなから誉められるっていうのは、すごく運がいいと思います。

音楽を教えること、ピアノを教えること

私の音楽を勉強したいという人に教える、ということはあります。

アメリカでは高校も大学もジャズのビッグ・バンドがあってカリキュラムの中に入ってますか

ら、そういうところから呼ばれます。私の曲を演奏したいからと、楽譜を先に送って練習をしてもらって実際に演奏を指導したり、またレクチャーだけのこともあります。最近は少し減ってきましたけど、昔はすごく盛んで、そういうのがよくあったんです。そういうのは、もちろん、頼まれれば、パパッと行きますけどね。勉強用の楽譜やプリントもあって、それを持っている学校も多いです。それから、「いま、ここに譜面のある曲じゃなしに他の新しいのを演奏したい」と、リクエストされれば、行く前に「そちらのバンドのソロは誰がいいか」っていうのを聞いて、そのバンドに合うような譜面を送ります。

ただ、ピアノを教えるというのは、あまり好きじゃないです。ピアノは下手でも、すごくいい先生っていうのはいますからね。だから、教えるということと、演奏っていうのは、別問題ですよ。

以前は、ケントン・クリニックというのがあって、そこに教えに行っていたこともあります。ケントン・クリニックというのは、学校の夏休みにミュージックキャンプみたいなのがあって、そこに教えに行くわけですね。それを四年ぐらいやりました。お金も必要だったんですけど。まあ、今後はもうやらないんじゃないかと思いますけど。

ピアノを教えること自体にあんまり興味がないのです。一度、ニュージャージーに住んでたときに、隣に住んでる女の子——ちっちゃな女の子でした——を教えてくれって頼まれたことがあって、"Oh, well, OK"って、教えたことはありました。この女の子、なかなか才能がありました。最初からだから、それこそピアノの椅子の高さの合わせ方から始めて、クラシックの入門ですよね、ジャズではなく。ピアノもない家の子でした。でも、そのうち「ピアノ買うから、どこで買ったらいいかな」とか、そういうやり取りもありました。ただ、それから間もなくこちらがマンハッタンに引っ越したから、かわいそうだなと思ったけれども、教えるのをやめてしまいました。そういうことが一度だけありました。まあ、あれくらい才能がある女の子だと、教え甲斐《がい》がありますけれどね。

ベートーヴェンと同時代の作曲家は、ほとんど残っていない

自分の音楽は、もう世の中に投げちゃったんで、一人歩きしてもしなくても、もうそれは私のコントロールできないことです。ことさら自分の音楽が残ってほしいとか、次の人に継承してってほしいとかっていう気持ちはないけど、良ければ後まで残るだろう、っていう気持ちはあります。たとえば、我々は今、ベートーヴェンやショパンを聴いていますでしょ。もしかすると、当時、作曲家はまだたくさんいたかもわからないけど、我々は知らない。残ってないから、知らないのですね。だけども、残ってないってことは、後世に残るだけのメリットっていうかな、残る何かがなかったんだろうと、私は思うわけです。

で、ちょっと今の質問とは関係ないんだけども、昔のプレイヤー、たとえばショパンがバッハを弾いたって話、私は聞いたことないし、ベートーヴェンがハイドンを弾いたっていう話も聞いたことがない。リストとショパンは同じ時代に存在してた。だけど、リストはショパンの曲を弾いたなんて、聞いたことない。そういう文献読んだことない。だから、あの連中はみんな、自分

の曲を弾いてたんですね。ある意味、ジャズ・ミュージシャン、そう、我々と同じなんだなと思いますね。

カウント・ベイシー・オーケストラや、デューク・エリントン・オーケストラ、ミンガス・ビッグ・バンドなど、主人公がいなくなっても、その音楽をやり続け、継承する動きがジャズの世界であります。私の場合、別にそういうビッグ・バンドでなくても、私の曲はすでに何曲も出版されてますから、いろんな大学や高校のビッグ・バンドで演奏されてます。それから、日本では、私の曲しか演奏しないアマチュアのビッグ・バンドがあります。私も夫のルー・タバキンもそのバンドと共演していますが、とても熱心で嬉しく思います。

後世に作品が残ることには、関心がない。
良ければ残るでしょう

音楽家として自分の音楽が残っていくことに対してはそんなに関心ないし、嬉しくもないし。

“Well, c'est la vie”「まあ、ご勝手に」っていうわけ。第一、そういうことを止めることできないでしょう。一九七三年にニューヨークからロサンジェルスに移って音楽活動をやめたとき、退屈してた私はルー・タバキンが「自分がミュージシャン集めるから」私に曲を書けって、それで書きはじめたわけです。「オーケイ、努力する」と。それで、もしそれらの曲が良ければ、残るだろうと。私が死んだあとでも残るだろうと、思います。

だから、別に、何ていうことはないですね。人が共感を持ってくれれば残るし、共感を持ってくれなければ残らない。ただ、出版社で出版したものは、まあ、ビッグ・バンドの教育活動が学校で行なわれる限りは、続くでしょう。

三〇年前より成長していると思いたい

秋吉は歌詞のある曲は好きではない、と言う。一方で二〇一六年にはジョージ・ガーシュウィンのオペラ「ポーギーとベス」に取り組み一枚のアルバムを完成させた。

演奏だけで言葉の意味を感じてもらえる音楽を作りたかった

私の場合、これまで歌曲を取り扱うっていうのは、ほんとに稀《まれ》だったんです。最近になって歌詞——言葉っていうものに気をつけるようになったのです。言葉の意味を、演奏だけで聴いた人が感じられるような音楽を作りたい。「ポーギーとベス」に手を付けたことも、そういう理由があるからなのです。いわゆる歌詞——たとえば「ポーギーとベス」の中の曲、「アイ・ラブズ・ユー・ポーギー」ですけど、オフィスの女性が、同じ事務所の男性に、“I love you” って言ってるわけじゃなしに、売春婦という特殊な職業の女性（ベス）が、足の悪いハンディキャップの男性（ポーギー）に向かって“I love you Porgy” って言うわけですから、やはり状況がだいぶ違う。

そういうことを考えて、それを感じられるような音楽を演奏したい、というふうに思うんです。そういうことは、三〇年前は考えなかったと思うから。やはり、ある意味で、日々新しいことを探求しているし、ある意味では、成長していると思いたいですね。

そういうふうに音楽を考えられるようになった理由、それは今の私の経済的な状況もあるかもしれないですね。一九六〇年代、グリニッジ・ビレッジのアパートに住んで、来月の家賃の心配をしているときには、そんなことを考える余裕もないわけですから。外に出ていってギャラの交渉しながら仕事を取る毎日でしたから。

今はその必要もないので、家でピアノを弾いて新しいことを探求できるのです。そんな今の状況は、私にとってはやはりラッキーだと思います。

先々のスケジュールがあることも、長く続けられている理由

以前と比べて、ピアノへの向き合い方に変化はあるのだろうか。八八歳になってからも、ツアーが予定されている。

誰かに聴いてもらうこともなく一人で「家だけでやってればいいかな」なんて思うときもあります。時々、これからは、外で人に聴いてもらわなくてもいい、「外じゃなくて、うちだけで音楽をやっていたいな」なんて思うことがあるんですよ。別に聴いてくれる人がいなくてもいい、ただ、自分で研究して、うちだけでやっていたいなって。聴いてもらって、みんなが共感を覚えてくれるのは、大変嬉しい、もちろん嬉しいわけです。でも、そういう必要もないみたいなことを考えることが、たまにあります。

と思う反面、時々、「そろそろレコーディングでもしようかな」みたいな思いに駆《か》られることもあります。

実際は、二〇一八年四月には日本で八カ所のソロ・ピアノ・ツアーがあります。決まったのは二〇一六年ですが、これまでにもほぼ一年おきに日本に帰ってツアーをしています。

そういう先々のスケジュールが常にあると、そこに向かって体調を整えたりピアノを弾き込んだりしますから、それが長く音楽生活を送れている理由になっているのかもしれません。

ただし前回は夫ルー・タバキンとのデュオ、前々回は娘マンディ満《み》ちるとのデュオでしたので、ソロは久しぶりです。私ももう八八歳を超えますから、毎日の演奏はちょっと無理だなと思い、三日やって一日休む、というスケジュールを作りました。自分で作るツアーだから移動のスケジュールも無理なく組めます。

私は旅行するのが、うまいんです。日本には宅配便という便利なものがありますからね。自分の行く先々に本番で着るドレスなんかを、この会場には皺《しわ》にならないこのドレスを紙袋に入れて……、なんていうふうに用意周到に送ったりするんです。

ピアノを弾く、というのは肉体的にも激しい運動です。その肉体がだんだん衰《おとろ》えていくわけですが、自分の思いどおりに弾けなくなるのなんていうことは、今はわからないです。今のところは、まだ、体も衰えていないので。

八六歳でわかったことがある

前の項でも触れたが、二〇一六年、秋吉はジョージ・ガーシュウィンのオペラ「ポーギーとベス」に取り組み、一枚のアルバムに仕上げた。言うまでもない、このオペラはアメリカ音楽の最高峰として、これまでにもマイルス・デイビス、オスカー・ピーターソン、エラ・フィッツジェラルド、モダン・ジャズ・カルテットなど錚々《そうそう》たるジャズ・ジャイアンツが取り上げてきた題材だ。

その「ポーギーとベス」の中で、ほとんどのジャズ・メンが取り上げている「アイ・ラブズ・ユー・ポーギー」。タイトルを聞いただけであの冒頭のメロディを思い浮かべる人も多い、このオペラの代表曲である。ところが秋吉の演奏では、オーソドックスなジャズの演奏「テーマ・即興・テーマ」という構成にはせず、頭にこのメロディを弾かず、インプロヴィゼーション（即興演奏）から始めて、最後にテーマが答え合わせみたいに出てくる不思議なアレンジとなっている。なぜ、そういうアレンジを施《ほどこ》したのだろうか？

アル・ヘイグのアドバイス「歌詞を考えなさい」の意味が今になってわかった

これまでの私のアルバムは、たとえば作曲家リチャード・ロジャースのものばかりとか、そういうのはないんです。一つのアルバムで一つのテーマを扱うのは、この作品が初めてです。「ポーギーとベス」はオペラで、完全に一つのテーマです。ですから、そこの中からどの曲を選ぶかっていうのも大切です。このオペラ、私以外にも、たいがいのジャズ・ミュージシャンは、取り上げていますでしょ。いちばん有名なのが、たぶんマイルス・デイビスのものだと思います。オスカー・ピーターソンの「ポーギーとベス」のレコードも聴いたけど、いちばん真面目。真面目って変な言い方、つまりトラディショナルな扱い方です。

それで選ぶ曲っていうのは、みんなだいたい決まってる。私のは少し珍しい曲も選びましたけれど。ただ、それの取り扱い方が、同じ曲でもそれぞれのミュージシャンによって違うっていうことなんですね。だから、私の扱い方も、曲によっては全然違うわけですね。

「アイ・ラブズ・ユー・ポーギー」、あの曲の構成は、八小節―八小節じゃないわけ。あの曲の主題は八小節で、リピートはなく、いわゆるブリッジ、主題に続くメロディが、八小節じゃなしに一二小節ぐらいあって長い。まあ、でもこれオペラだから、歌詞のほうがメインで、それに合わせてメロディを作っているから、そういうふうになっているわけですけども。

それで普通のジャズの演奏みたいに、最初テーマを弾いて、それで即興を真ん中でやって、それでまた最後にテーマ、という形をとるのは、私は、何となくこの曲は違うと思いました。このベスっていう人は、普通の女性じゃないわけですよね、売春婦ですから。ちょっと、なかなか説明しにくいけども、そういう特殊な、つまり純粋に恋愛をするということのない女性ということがあって、何となく、頭に、自分の即興――即興って変な言い方ですけどね、いわゆるインプロヴィゼーション、通常のジャズ演奏だとテーマの後に弾くのですが、それを最初に持ってきたほうがいいような気持ち、そういう気持ちであゝいうふうになったわけです。

何となくそのほうが、曲の持ってる意味を私なりに表現できると思いました。

私が、最初アメリカに来たときは――ボストンですが、そのときに、チャーリー・パーカーなんかともやっているピアノのアル・ヘイグがボストンにいて、まだウロウロしていた。私は、あの人のピアノをそれほど好きっていうわけじゃないけど、レコーディングで彼が伴奏してるのが非常に多いわけです。だから、アル・ヘイグは伴奏者として、一九五〇年代に流行《はや》ったジャズのスタイル、ビバップを演奏する連中によく使われていたということでしょう。もしかしたら、ある意味では彼は社交的な性格もあったのかもしれませんが。

そのアル・ヘイグに、ボストンで会ったときに、私は「何かアドバイスありませんか？“Do you have any advice?”」って聞いたことがあるんです。そしたら、彼「一ドルくれ“Do you have a dollar?”」って言って。それで一ドルあげたら、「歌詞を考えなさいよ“Think of lyric”」って言ったんですよ。で「ばかなこと言うな」と思ったわけ。というのは、当時、こっちは第一、英語がそんなにわからないし、いつも聴いてるのは、歌詞じゃなくて、曲ですからね。ビバップのレコードばっかり聴いて採譜して、ほとんどがチャーリー・パーカーのもので、ものによってはバド・パウエルのもので、そういうのを採譜してギャーギャー、ギャーギャー演奏してたわけですから。「彼の話は何か変わってるな」と思ったんですよ。

それが今になって意味がよくわかる。つまり、この曲「ポーギーとベス」っていうのは、これは歌が最初ですから。売春婦のベスが、足の悪い男性に“I love you Porgy”っていう、そういう、普通の女性と違うっていう、思いのこめられた言葉が、歌が初めにあるから、そのことを考えて、あえてテーマから始まらないああいうアレンジで弾いたらいいな、っていうふうになりました。

ソロ・ピアノ「アイ・ラブズ・ユー・ポーギー」

実際のレコーディングで、彼女はこの「アイ・ラブズ・ユー・ポーギー」を三回続けて演奏した。どのテイクも即興のアプローチは異なったが、ベスの気持ちに寄り添った静謐《せいひつ》で甲乙つけがたい演奏だった。

レコーディングでは、ベースのジョージ・ムラッツとデュオで演奏しました。その後、ルー・タバキンとのデュエットのツアーを日本で行なったときに、「アイ・ラブズ・ユー・ポーギー」をソロ・ピアノでずっと弾いてました。

ルーは、「また、あれをレコーディングし直したらいい」って私に言ったんですね。「すごく、ソロがいい、ソロがいい」って。こっちもその気になって。ルーは、なかなか誉めてくれないから、そう言われるとその気になるのですよね。それで、たいがい、今はワーッとどこでもソロで弾いてます。

二〇一六年九月一六日、秋吉は一七年ぶりにアメリカ西海岸、モンタレー・ジャズ・フェスティバルのステージに立った。トリオでの出演だったが、後半ではメンバーを休ませ、ソロで「アイ・ラブズ・ユー・ポーギー」を演奏した。アルバムと同じ演奏で、ゆったりした即興から始まり、最後に誰もが知っているメロディで静かに締めくくる。一瞬の沈黙のあと、割れんばかりの拍手が彼女を包んだ。

責任は自分で

近年の秋吉のコンサート活動は、ソロ・ピアノが多い。ソロのコンサートは、ベース、ドラムと一緒に演奏するトリオに比べてかなりの負担だ。なぜ、ソロ・ピアノの活動を増やしているのだろう。

ソロで弾く意味

ピアノ・トリオだと、演奏中にベース・ソロやドラム・ソロがありますから、その間は休憩できます。ですので肉体的にはソロ・ピアノより楽です。

でも、近年、ソロ・ピアノを始めました。その理由は二つあります。

いちばんの理由は経済的な問題ですね。トリオだと予算も大きくなり、呼んでくださる方は「ソロで来てくれませんか」となる。そんなやり取りが始まったのは、二〇年以上前からですが、ソロで弾くと、演奏中休むことができません。でも、それを工夫してやっているうちに自分のソロ・ピアノ・スタイルというのがだんだんできていったのです。

たとえば左手の使い方とか。またハーモニーも、たとえば「ラウンド・アバウト・ミッドナイト」などは、ソロ・ピアノにあった響きを探求していくのです。それが続くと、何となく、ソロは自分に合っているかな、みたいに感じるようになりました。

もう一つの理由は、トリオだと、私の音楽をやってほしいのに、演奏中にたとえばベースが「あんな変なことやって」なんて思うことがあるからですね。ソロだと、人を責めることはできません。責めるのは自分、まずいのは自分ですから。

私のスタイルは、ご存じのように、ビバップ・プレイヤーですから、ホテルのカクテル・バーで聴くような耳ざわりのいい音楽をやりません。だから、ホッとする、息抜きする、というのがないんです。演奏がいったん始まったら終わりまで息抜きができない。そういう意味では精神集中というのが猛烈に必要です。

猛烈に集中して、たとえ「まずいな」と思うことがあっても自分の責任。そういう意味でも、ソロは自分に合っているのかなと思います。

第二章

ピアノ ——「自分らしさ」を探して

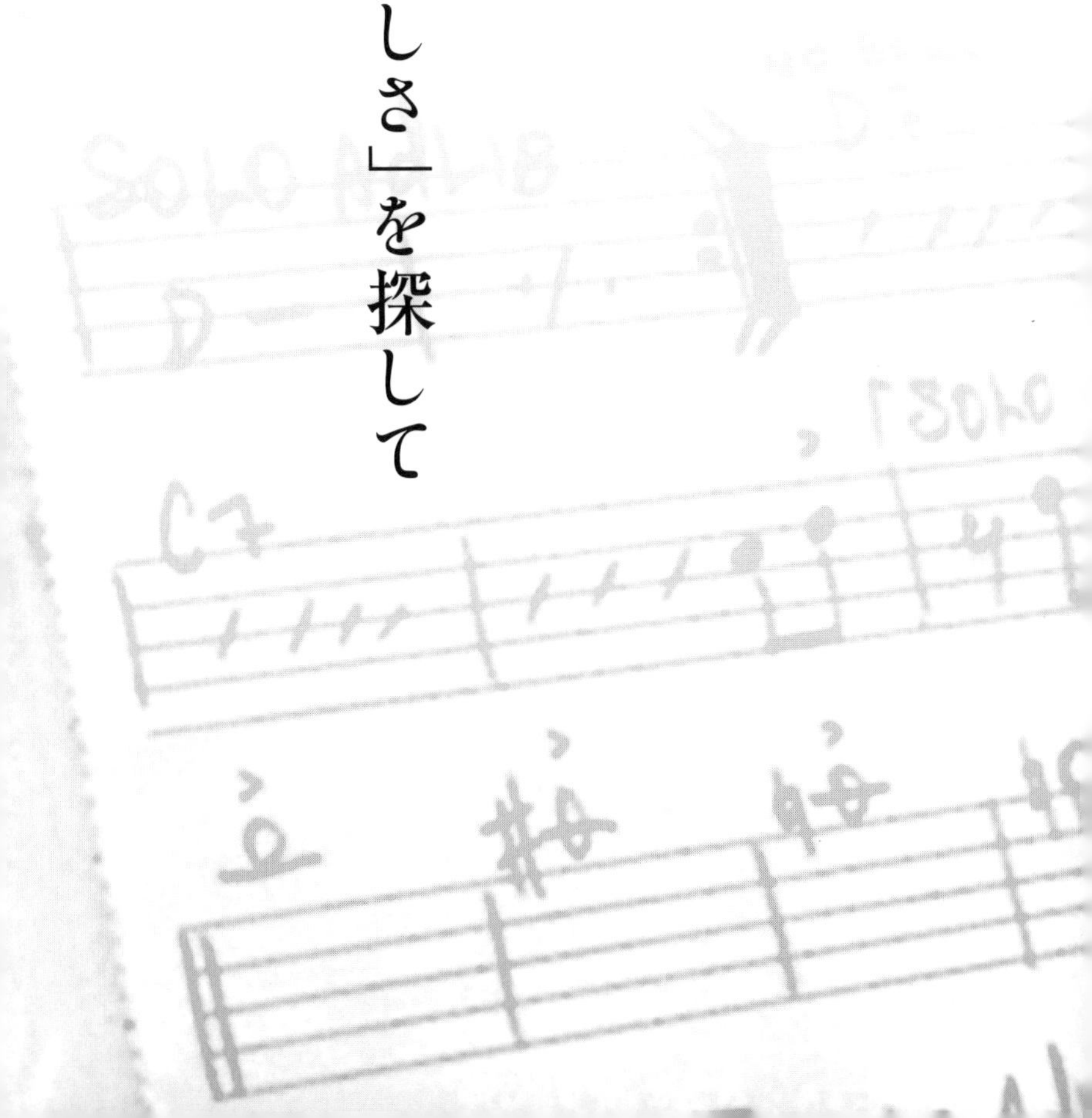

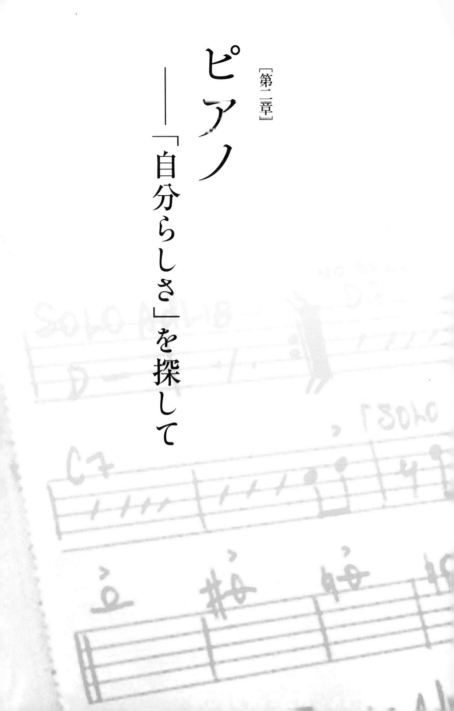

たとえ変えられないとわかっていても、
「自分はこう思ってますよ」ということを、
表わしたい。

どうやって自分の音楽に変えていくか

クラシック曲を題材にしたアルバム「クラシック・エンカウンターズ」（2010年）で、秋吉は独自なアプローチを試みている。たとえば、バッハのインベンション。この曲では、最初に短く、バッハのオリジナルを弾いてから、一転スタンダード曲のようなコード進行に変わり、最後にオクターブを多用したハーモニーで原曲に戻る。新たなピアノのレパートリーを作るとき、彼女はどうやって自分の音楽に変えていくのだろうか。

後から思いつく理由は、もしかしたら違うのかもしれないけれど

「クラシック・エンカウンターズ」の中の曲で、今でもよく弾いているのはバッハのインベンションです。あの曲を弾き出したのは割に最近、たぶんここ一〇年くらいなんです。考えてみたらプロのピアノ演奏家として別府で始めて七〇年、アメリカに来て六〇年ですよね。この長い間の

演奏経験があって、バッハのあのスタイルが生まれたんです。長い間にいろんな音楽的経験を積んでいるわけです。

バッハのインベンションに関しては、モダン・ジャズ・カルテットのピアニスト、ジョン・ルイスの二枚組のアルバム「バッハ／平均率クラビア曲集」に発想の元があります。このアルバムは、彼の奥様でクラシックのハープシコード奏者のミリヤナ・ルイスがバッハの原曲を弾き、その後にジョンがジャズで即興演奏していて、彼の性格が出た——まるでタキシードを着たみたいな高尚な雰囲気で演奏しています。

私としては、何ていうか、バッハのインベンションに関しての発想というのは、そこに基づいてるんだろうと思います。

でももしかすると、後になって「こうだ、こうだ」って理由を言うことは、本当は違うかもしれません。

私自身、なんとも言えないけど、もし、ジョン・ルイスのあのアルバムがなかったら、バッハを演奏してるかどうかわかんないと思います。でも、それもわからない。

ずっと前、まだ日本にいたときに、テナー・サックスのスタン・ゲッツがノルウェーの作曲家グリーグの代表曲、ペールギュント組曲の中の「ソルベイグの歌」を演奏しているレコードを聴いたことがあります。それで私も二〇一〇年に「クラシック・エンカウンターズ」のアルバムを作るにあたって、あれに発想を得て自分なりに「ソルベイグの歌」を取り上げてみました。もしかして、スタン・ゲッツのあの演奏がなかったら、私はあの曲を取り扱ってなかったかもわかんないです。だから、ちょっとしたこと。そういうことがあるんです。ただ、取り扱い方が、つまりアレンジが違う。そういうことですね。

ノーマン・グランツの大ジャム・セッション

普通、ジャズ・ミュージシャンが、クラシックの曲をジャズで演奏するとき、元のメロディにコードを付け、メロディから演奏を始めて、そのコード進行でインプロヴィゼーションをやり、またその元のメロディで終わる。それが通常のクラシックの素材の扱い方です。私の場合、たぶん長いこと自分のビッグ・バンドを持って自分の曲を含めて作編曲をずっとやって、とにかく四〇年以上曲を書いてたわけです。そのため、曲の展開の仕方というのが、やっぱり、通常の「テーマ・即興・テーマ」というのと違うと思います。ピアノを弾いても、一曲を通しての構成というのを、どうしても、自然に考えちゃいます。

昔、アメリカに来る前は、みんなと同じで、曲を取り扱っても、テーマを弾いて、そのあと、インプロヴィゼーション、それで終わりっていうだけだった。昔はみんなそうでしたね。

たとえば一九五〇年代に大きなジャズ・コンサートを手掛け一世を風靡《ふうび》したジャズ・プロデューサー、ノーマン・グランツ。あの人は、編曲したものがすごく嫌いでした。彼はとにかく、即興演奏というのをものすごく重んじたのです。いわゆる「ジャム・セッション」なんですよ。だから、彼のコンサートで、あれだけたくさんのいいミュージシャンがいてもみんな即興演奏だけ。今の考え方からいうと、どこかアレンジしたところがあって、それから一人ひとりが演奏する、そういうのがあるでしょう。彼はそういう、編曲・構成したものは、ものすごく嫌ってました。とにかくジャム・セッション。テーマの演奏が最低限度の約束。で、あとは大ジャム・セッションですよね。あそこまで徹底した考えの人は、あの後いませんね。彼は、ジャズっていうのはそういうもんだっていう頭があった。だから、私のビッグ・バンドには興味がなかった。

自分のものにするために時間をかける。構成を考える。これが私のピアノの世界

私の場合、一つ、新しい素材を、自分のピアノで表現して、自分のものにするまで、すごい時間をかける。というのは、私はたぶん、ただ、ピアノを弾いているというのは、性に合ってないんだと思います。この長い間、ずっと演奏してきて、今になって、一つひとつの構成っていうのを大切に考えたい、私はどうしても、自然にそういうふうに考えちゃう。だから、「この曲はこういうふうに展開して、お終《しま》いにするにはどうするか」「元の曲に戻るのか戻らないのか」というように、どうしても全体の構成っていうのを考えてしまいます。それが、いいか悪いかっていうことになると、それはまた別問題で、わかりませんが、それが私のピアノの世界です。

好き嫌いで決めていい

アルバム「ナイト・アンド・ドリーム」（1999年）に入っているセロニアス・モンクの曲「ラウンド・アバウト・ミッドナイト」は、ジャズ・ピアニストなら誰でも演奏する名曲。秋吉の演奏はハーモニーが微細に変化する独特なものである。ピアニストとしてジャズの有名スタンダードからディズニーまで幅広いレパートリーを持つ彼女はどうやって持ち曲を決め、どう演奏に臨《のぞ》むのだろうか？

みんなが弾くスタンダードを、私が弾く理由

「ラウンド・アバウト・ミッドナイト“Round About Midnight”」。この曲はハーモニーが、ものすごく細かく変わるのですが、編曲に猛烈に時間かかったんですよ。あれはもう、弾かないピアニストはほとんどいない曲ですからね。

弾く人によって少しは違うけれど、みんな、たいがい同じように弾きます。だから、私は、みんなが知ってる曲を扱うのに、なぜ私がやんなきゃいけないかっていう、そこにやっぱり理由が

ないといけないと思うんですよ。理由があってもらいたいというわけ。そのためには、やはり、自分がその曲を別の角度から見る必要があるわけですね。曲の持っている性格っていうのがありますから。

そういうことで、「ラウンド・アバウト・ミッドナイト」は編曲して演奏できるまで猛烈に時間かかりました。あの曲はしばらく演奏していないので、今また弾くとなると、一つひとつのハーモニーを再確認するなど、全部やり直す必要があります。

偉大な作曲家にひれ伏す必要なんてない

「こういう曲をやりたいな」と思っても、自分がこの曲をピアノで弾く理由、つまり私なりの視点が見つからないときは、その曲はレパートリーにしません。

やっぱり曲によってね、自分に合う、合わないというのがありますから。自分の好き、嫌いというのが。

好き、嫌いについては、かつて元NHK交響楽団のホルン奏者、故・千葉《ちば》馨《かおる》さんと話したことがあります。クラシック音楽を演奏する連中は、嫌がる曲なんかもやらなきゃいけないわけです。彼いわく「だいたい我々音楽家って、好き嫌いって、そんなこと考えちゃいけないんだよ」って言ったことがあって。それはそうかもわかんない。チェリストのピアティゴルスキー、彼が言ったのに、「我々音楽家は偉大な作曲家の良きしもべでなければならない」“We, musician, we have to be a good servant of a great master”っていう言葉があるんですよね。だけど、偉大な作曲家great masterっていうけども、偉大じゃないマスターもいて、「何、この曲!」なんて、私なんか言っちゃうでしょう。そうすると、千葉馨さんは「そんなこと言っちゃいけないよ」って。

好きだから弾く

私はやっぱり、この曲は自分に合ってるとか、合ってないとかっていう、そういうことで決めたい、というのがあります。

たとえばディズニーの「星に願いを“Wish Upon a Star”」。日本で弾くと皆さん喜んでくださって、よく弾きますが、もともと、あの曲はコード進行がなかなか素敵ですごく好きな曲なんです。これを日本で最初に弾いたときに、プロモーターの方から「日本では必ず弾いてください」と言われた曲です。私はリクエストというのは受け付けません。でも自分のレパートリーからのリクエストならどうぞ、ですけど。「星に願いを」は、リクエストで弾くのではなく、好きで弾いているんですね。

弾く前に考える、頭で弾くということ

秋吉は七歳でピアノを始めた。満州ではずっとクラシックのピアノを勉強していた。彼女の父と母は戦争さえなければ、秋吉をヨーロッパに留学させクラシックのピアニストにすることも考えていたようだ。戦後、日本に引き上げてきて、別府のダンスホールでジャズ・ピアノを始めて以降というのは、ピアノの先生についたことはあったのだろうか？ ピアノのテクニックは、どのように研鑽《けんさん》を積んだのか。

横で見て吸収したジャズ・ピアノ

一九四八年、福岡から東京に出ました。出るときに、当時、福岡で仕事をしていたバンドのリーダー、リュー山田《やまだ》から推薦状をもらって、訪ねて行った先が生駒徳二《いこまとくじ》バンドでした。生駒徳二はジョージ川口《かわぐち》なんかの先生だった。その彼のバンドに雇《やと》われました。

このバンドがショー・バンド。ショー・バンドというのは、キャンプを回って、ショーの伴奏をする。ですから、楽譜を初めて見てその場で弾く、いわゆる初見《しょけん》がきかないと勤《つと》まらない。あの頃は、私は結構初見演奏をやっていました。これ、一七歳ぐらいですね。たぶん、一七歳か一七歳半ぐらい。で、そのときに、生駒さんから「ピアノを松井八郎《まついはちろう》さんに習ったらいい」って言われました。松井八郎さんは、東京ジャイブっていうグループのリーダーです。白木屋《しろきや》というデパートの――だいたいあの頃はデパートのいちばん上がダンスホールで、このグループは、この日本人用のダンスホールに出ていました。

それで、そこに私は習いに行ったのですが、松井八郎さんが「自分は教えることはしないけども、横で聴いてるのはかまわない」とおっしゃったんですよ。それで、生駒さんのショー・バンドは毎晩仕事があるわけじゃないんで、仕事のないとき、白木屋に行って、松井さんが弾いてるところの横に座って、彼が弾くのを見ていました。そして彼の指の形、動きとそこから出てくる和音やメロディを覚え、自宅に帰るとピアノで練習しました。

こういった生活が一年ほど続き、そのあと、森亭《もりとおる》さんというトロンボーンの率いるビッグ・バンドに入りました。このバンドは新宿伊勢丹《いせたん》デパートの上にあった、いわゆる進駐軍専用のダンスホールに出演していました。森亭さんは松井八郎さんのピアノをものすごく好きなんだけども、彼のギャラが高くて雇えないんですよ。それで、私が松井八郎さんとそっくりのピアノ弾くんで、それで雇ってくれました。そこに三カ月ぐらいいたと思うんですよ。

当時、進駐軍でトロンボーンを吹いていた、ケン・ローランドが、若い連中ばっかり集めてバンドを作りました。彼、アメリカに帰らないで日本にとどまっていたのです。アルト・サックスの海老原啓一郎《えびはらけいいちろう》さんはそのバンドにいた。連中から、いわゆるアメリカ人用の神田如水会館《かんだじょすいかいかん》にあるクラブに出演するので演奏してくれって頼まれた。だけど、そのときはもうすでに私は、与田《よだ》輝雄《てるお》さんのシックス・レモンズに行くのが決まってて。ひと月だけ空いてるから、ひと月だけそこにいたことがあるんですよね。たぶん、彼のガール・フレンドのアメリカ人の女性シンガー、バニー・イングリッシュか誰かいました。

そして次に入ったのがテナー・サックス与田輝雄さんが率いるシックス・レモンズ、これが一九五〇年ぐらいじゃないかな。当時ナイト・クラブの草分けだった銀座の「銀馬車《ぎんばしゃ》」で、そこのマネージャーが、与田輝雄さんに「若手の優秀なのを集めてコンボを作ってくれ」って言って、それで与田さんが集めて出たのがシックス・レモンズでした。

銀座の六丁目にあり一階がチョコレート・ショップという、コーヒー・ショップ。それで上が銀馬車。ここ、昔のクラブですからね。いわゆる、ライブ・ハウスなんかない時代。ダンサー、キャバレーですから。素敵な女性がワーッている、そういうとこですよね。そのバンドのドラムはフランキー堺《しかい》、彼はショーマン・シップが旺盛で、演奏中も客を笑わそうとする。私は真面目に演奏したいのに。それで、ふた晩目に彼と大ゲンカです。演奏の途中で家に帰っちゃった。そしたら彼、夜中に謝《あやま》りに来た。でも、私はダンス・ホールでダンス音楽を演奏するっていうのが嫌いで、ひと月だけでそこを辞めて、自分のグループを作ったのがコージー・カルテットです。トロンボーンの林一《はやしはじめ》（通称ニタ）と作ったグループです。

松井八郎さんからは、ジャズのピアノの押さえ方とか弾き方とかを、彼の演奏を実際に見ながら吸収しました。指を速く動かすとか、ピアノの技術っていうのは、私はクラシックの学生で、七歳からずっと戦争が終わるまで、習ってたわけですから、ジャズを演奏する上での技術的な問題はあんまりなかったです。つまり、戦争が終わる頃には、私は、バイエルからツェルニーにいって、そしてハノンやって、ソナティネからソナタって感じで、それが何とかこなせるぐらいのとこまではいってたわけですよね。あとは、ジャズのいろんな語法、たとえばメロディを弾くのに、アクセントのつけ方を変えるとか、っていうことなんです。ただ最初、コード進行なんてのはわかんないから、これが別府のダンスホール時代に覚えて、っていうわけです。譜面も読めるし、指も回るし。もう、ジャズを演奏する下準備は、東京に行くまでに全部できていました。

一日八時間練習した「ラプソディ・イン・ブルー」

一九五五年にガーシュウィンの「ラプソディ・イン・ブルー」のソロを仕事で頼まれました。あれは、もう東京に出て、与田さんのシックス・レモンズも経て、自分の最初のコージー・カルテットも経て、フリー・ランスだった頃です。コンサートの企画をやってる人が、あれは、当時、日本では「ラプソディ・イン・ブルー」はジャズだと思ってたわけ。それで「それなら、あれは秋吉がいい」っていって、私のところに頼みに来たわけです。私としては、断わったら「やっぱりジャズ（ミュージシャン）っていうのは（ちゃんとしたもの）弾けないんだ」って思われるのがシャクだから、引き受けたんです。そういうのを見越して頼んだんじゃないかなと思いますけどね。絶対断わらないって。

それで、生まれて初めてですよ、毎日八時間練習したの。教える先生はいない。レコードはありましたのでそれを聴いて勉強しました。でも、指がこう、「ここのとこはこうやりなさい」とか何とかっていうのは、全部自分で研究して。まあそんなに研究するほど難しいもんじゃなかったけど。

毎日八時間練習しましたら指から血が出ました。その前に私、たとえば本でね、劇的にピアニストが練習して、指から血が出るなんて、血が出るほど練習したなんて、大げさだなって、指から血が出るなんて、そんなバカなことないと思ってたんですけど、ほんとだった。ほんと、血って出るんですよね。

一九五一年頃にクラシックのピアニスト宅孝二《たくこうじ》さんとの出会いがありました。当時私は、フリー・ランスで、いろんなところにピアノを弾きに行って、座ってワーッてやるわけです。それで、あるとき、渡辺晋《わたなべしん》さんのグループが、日本橋に近いとこの銀座の、何ていう店か覚えていません、地下室なんですけどね、そこに出てたんですね。そこに私が行って、連中の休憩のときにワーッとピアノを弾いてたわけです。そしたら、突然、宅孝二さんが「どうやったらそんなに弾けるんですか」なんて話しかけてきて、彼のこと知らないから「うるさい親父だな」なんて思いました。「どうやったって、別に、何てことないです」とか何とか言った。

彼は、私よりも少し年上です。戦前のパリに留学してアルフレッド・コルトーやナディア・ブーランジェに師事、パリのピアノ・コンクールで優勝した最初の日本人です。ところが、あの人は、すごく純情な性格な人で、音楽学校の学長にでもなれた人だということですけれど、そういうのが嫌だったみたいです。私がアメリカに渡って、それでそのあと日本に帰ると、必ずコンサートにいらしてくださいました。

そういえば、作曲家の武満徹《たけみつとおる》さんも必ず、コンサートにはいらして。武満さんとは、割にいろいろ、出会いがあって、一緒にご飯食べに行ったりとかしましたが、宅孝二さんとはそういうのはなかったんです。

宅さんは戦後まもなく、「ラプソディ・イン・ブルー」を、日本初演じゃないんだけども、二回目か三回目で、弾いているそうです。でも、彼から「ラプソディ・イン・ブルー」について、たとえば技術的なことを、いろいろサジェッションされたとかいうことは全然なかったです。

マダム・シャロフから教わったこと――頭の中の鍵盤

一九五六年のボストンのバークリー音楽院に留学していた頃、学校の授業とは別にマダム・シャロフという方にピアノレッスンを受けました。彼女はジャズ・サックス奏者サージ・シャロフの母親で、彼女からは、いわゆるクラシックの技術を教わったんです。

最初はスケールですね。そこまで、ジャズはずっと独学っていうか、誰にも教わらずにピアノの技術を研鑽してたのですが、彼女にいろいろクラシックも含めたピアノの技術を教わって、だいぶ、技術が向上したというか、いろいろ変化した面っていうのは、あるんです。

彼女から学んだいちばん大事なことは、弾く前に考える、つまり"how to practice"です。たとえば指、親指ワン、人差し指トゥー、中指スリー、ワン、トゥー、スリー。それを弾く前に、指使いを頭に入れて、それで指を動かす。だから、頭の中にピアノがあって、譜面台があって、譜面がある。ピアノは実際に弾かないで、手だけ動かすってことなんです。それは電車の中でもいいいし。また頭の中だけで、実際に手を動かさなくてもいいわけです。

結局、長い間ピアノを弾いていれば、頭の中にピアノの鍵盤と、指使いっていうのは画像でちゃんと入ってますから。だから、たとえば、ワン、トゥー、スリーっていって、小指からだと、ファイブ、フォー、スリーですよね。そういうふうに、頭の中に入ってますから、それを考える。

それともう一つは、調性ですよね。一つの曲を移調して弾くという練習です。たとえば、Bフラットっていうのを考えて、Bフラットを弾く。Dフラットって考えて、Dフラットを弾くと。そういう練習の仕方です。私が習ったいちばんのことというのは、それじゃないかと思いますよ。

弾くだけが練習ではない

マダム・シャロフは、ボストン大学の方で、バークリー音楽院の先生じゃないけども、彼女にボストンでピアノをいろいろ教わったことは、すごく影響があったと思いますね。いわゆるピアノの練習とは、ただギャーギャー弾くっていうんじゃない、そういう練習の仕方を習ったのは、これがいちばん、私にとっては貴重なレッスンだったと思いますね。

で、彼女はすごく私のことをかわいがってくれました。彼女には息子さん二人いらして、一人はそのサージ・シャロフで、とにかく麻薬に手を出したりしてしょうがない。もう一人はすごく真面目な息子さん。サージ・シャロフにはずいぶん、母親としては、猛烈に心配したらしいですけどね。

彼女は私を、ボストン・ポップスと演奏してもらいたかったらしくて、コンチェルトのね、何か、とにかく猛烈に難しいコンチェルトをむやみやたらと習わされました。ちょっと、私には無理だったと思うんですよ。なんの曲かよく覚えてないのですが。彼女は、前のお弟子さんがそれを弾いて、ボストン・ポップスと演奏したことがあるって言っていました。彼女は、それを私にもやってもらいたかったんでしょう。だけど、私は指が小さいしね。だから、ちょっと無理だったと思うけど。

オスカー・ピーターソンとの運命的な出会い

私がジャズを始めた頃――一九五〇年前後

私が最初、日本でジャズを始めた一九五〇年前後は、とにかく、アメリカのプレイヤーたちも含めてみんな、いわゆるアメリカのポピュラー音楽を演奏してたわけです。当時はまだ、自分なりのオリジナル曲を演奏するセロニアス・モンクですら、まだレコーディングしてない時代ですから。その後モンクがレコーディングして、そのあとでも、たとえば、オリジナルのものばっかりやってるのは、モンクとデューク・エリントンぐらいしかいなくて、他のみんなはポピュラー音楽をジャズで演奏していました。あの頃は日本では楽譜もないので、私はジャズのレコードを聴いて、それを採譜して曲を覚えた。

それから、当時、いわゆる召集されて日本にいた駐留軍の音楽部隊、つまり軍楽隊ですね、陸軍軍楽隊で、たとえばピアノのハンプトン・ホーズなんて、横浜の軍楽隊にいて、彼らから曲を習ったりしていた。そういう時代でしたから、自分でジャズ以外のクラシック曲や日本民謡を自分流にアレンジするといったそんな余裕はなかったですね。

もう、むやみやたらといろんな曲を覚えてました。とにかく一九四六年秋に別府でピアニストを始めて、四八年に東京に出た。それから、ジャズ・コーヒー・ショップ（ジャズ喫茶）というとこで、レコード聴いて、採譜して、また曲を増やすわけです。その当時、横浜の野毛《のげ》町に「ちぐさ」というコーヒー・ショップがあってよく通っていました。東京には、有楽町の前にショーティというあだ名の人がやってる「コンボ」がありました。そこも同じような、とにかく七、八人入ったらいっぱい、みたいな感じで。

あそこね、ある日のこと、たぶん一九五四年頃、行ったらクローズになってたんです。そういうところにレコードを採譜して覚える。または、いわゆる召集されて日本に駐留していた米兵ミュージシャンから曲を習う。この二つしかない時代ですからね。

それで私、ジャズをやるために最初に考えたのが、自分のグループをこしらえて、それで、自分でオリジナル曲を作るということでした。それがコージー・カルテットです。一九五二年のことです。

オリジナル曲を作るために——二つのコージー・カルテット

コージー・カルテットは、もちろんスタンダードや、その当時のマイルス・デイビスのやってる曲とか、そういうのもやりつつ、オリジナル曲もやって、ということだった。でもオリジナルはそれほど多くはなかったです。

コージー・カルテットは第一次と第二次の二回があるんですが、最初のコージー・カルテットは、ひと月で潰《つぶ》れたんですよ。メンバーには、キンちゃんというあだ名のドラマー清水潤《しみずじゅん》がいました。大変にナチュラルなドラマーだったけども、麻薬の癖《へき》があった。

あの頃、CBナインっていうグループがあった。これが、いちばん、若手の連中が集まった、当時最も新しいビバップといわれるジャズのスタイルに近いグループで横浜を拠点にしていました。それからエスタブリッシュメント、つまり伝統的でオーソドックスなスタイルのスモール・グループが、与田輝雄のシックス・レモンズ。このグループに、私はピアニストで雇われていたわけです。

だけど、当時はいわゆるジャズのライブ・ハウスなんてものはないから、みんなキャバレーで演奏してました。キャバレーでダンス音楽です。それがもう嫌で、それで、コージー・カルテットを作ったのです。

作ったときには、清水のキンちゃん（潤）と、林一（通称ニタ）っていうトロンボーンがいた。このニタっていうのも、CBナインにいたトロンボーンで、JJジョンソンに似た、ビバップ系統の、最初のトロンボーンの一人。なぜあだ名がニタっていうのかはよく知らない。

ところが、ニタが肺を患《わずら》って、ひと月でこのグループが壊れたんですよ。これが最初のコージー・カルテット。当時、オリジナル曲なんて、あのとき二曲ぐらいです。今はまったく演奏してない曲です。

渡辺貞夫《わたなべさだお》が入ったのが二番目のコージー・カルテットです。で、だいたい当時の日本のサキソフォン・プレイヤーというのはグレン・ミラー、あのバンドのああいう甘く優雅な系統の吹き方、音色が主流でした。いわゆる当時いちばん新しいチャーリー・パーカー系統は、まだいないわけで、渡辺貞夫が初めてでした。むしろ、彼のアルト・サキソフォンは、どっちかっていうと、パーカーの系統だけど、同じ系統の次の世代であるジャッキー・マクリーンみたいな感じ。

とにかく、日本ではあの系統のサキソフォン・プレイヤーは渡辺貞夫が最初ですよ。

その頃、チャーリー・パーカーやバド・パウエルのレコードとかが、いちばん新しいジャズのレコードとして、日本に入って来ました。私はバド・パウエルをよく聴いたし、渡辺貞夫はチャーリー・パーカーを聴いて、それでそういう新しいジャズをみんなで作ろうという感じでした。

渡辺貞夫を初めて聴いたのは、彼が横浜の黒人クラブに出ていたときで、たぶん彼が一八歳くらいだったと思います。最初のコージー・カルテットが潰れてフリー・ランスで仕事をしているとき、フォー・サウンズという、テナー・サックス宮沢昭《みやざわあきら》と、お兄ちゃんっていうあだ名の眼鏡かけたピアノ守安《もりやす》祥《しょう》太郎《たろう》、それから、バンド・リーダーがベースの上田《うえだ》剛《ごう》、ドラマーが、まだ若くて子どもみたいな平岡《ひらおか》昭二《しょうじ》の四人のバンドがあったんですが、このフォー・サウンズが銀座のクラブに出てたんですよね。そのとき上田剛が私に、「今度新しいクラブができるから、そこ、秋ちゃんのグループで入ったらいいよ」って言ったんです。それで私は、渡辺貞夫が入った二番目のコージー・カルテットで、進駐軍がよく聴きに来るクラブ、ニュー銀座に出ました。

そのときに西銀座に新しいジャズ・コーヒー・ショップ、テネシーができて。当時いちばん人気のあったベースの渡辺晋のグループが出演していたんですね。

で、渡辺晋がそこのいわゆるミュージック・ディレクターを頼まれていて、私に「秋ちゃんね、僕たち、夜しか演奏しないんだけど、昼間にいいプレイヤー、自分の好きなプレイヤー集めてやったらいいよ」って、彼が仕事をくれたんですよ。そのとき、私は「渡辺貞夫はまだちょっと無理だな」っていう頭がありました。

そこで貞夫さんと同じアルト・サックスの海老原啓一郎に声をかけました。彼は系統としてはパーカーではないけど、CBナインにいて、上手いという点では、貞夫さんとはやっぱり違

1954～55年、横浜ポートホールで、第二次コージー・カルテットのステージ。中央サックスはハル・スタイン

った。当時、貞夫さんはまだ、上手いというとこまでいってなかったんですね。そこに海老原さんとテナー・サックスの宮沢昭さん、その二人を入れたクインテットで、テネシーに昼間出てたんですね。

偶然の出会い

そのときに、ピアノのオスカー・ピーターソンと出会ったのです。だから、運がいいと思います。タイミングがものすごくいいんですよね。

テネシー・コーヒー・ショップが、一〇月の一五日にオープン。ノーマン・グランツがプロデュースしたグループ、JATP（ジャズ・アット・ザ・フィルハーモニック）が日劇《にちげき》で演奏したのが、一一月の文化の日の前後三日間ですから。

テネシーがこのときオープンしていなかったら、オスカー・ピーターソンが、テネシーに来て私を聴く機会もなければ、彼の推薦でレコーディング、なんていうことにならなかったでしょう。

デビュー・アルバムが決まる

ＪＡＴＰは音楽プロデューサー、ノーマン・グランツが企画したコンサートでアメリカの人気ジャズ・ミュージシャンを一堂に集めた華やかなステージを特色とした。一九五〇年代にまずヨーロッパのツアーで大成功を収め、一九五三年に初めて日本に来た。オスカー・ピーターソンのカルテット、エラ・フィッツジェラルドなど錚々たるメンバーが日劇のステージに登場、日本のジャズ・ファンを熱狂させた。

一九五三年一一月三日、オスカー・ピーターソンはドラマーのフリップ・フィリップスと二人でテネシーに来ました。そのときに私が演奏してたのが、「ストライク・アップ・ザ・バンド“Strike Up the Band”」。まだ覚えてますけど、あの曲はとても速く弾くんです。それ、ワーッと弾いてたときに、彼は聴いてたんです。そしたら彼が私が弾いているところに来て「夜、どこかで演奏するか」って聞くから、上田剛さんから紹介してもらった「クラブ、ニュー銀座」と答えました。そしたら「どこにある？」って聞かれて。

その夜、彼が「ニュー銀座」に来て、我々をまた聴いていました。その店、中二階なんですよ、舞台がね。それで彼、「私もピアノ弾く sitting in、“I was sitting in”」って言って上がってくる。彼、大きいでしょう。階段がミシミシ、ミシミシって。私の倍以上の体格ですよ。すごいですよ。第一、背が高いし。ピアノ弾いてて椅子壊したとか、大げさなエピソードが残ってますけど、ちょっとしたピアノだったら揺れたかもわかんないですね。

そしてピーターソンは、プロデューサーのノーマン・グランツに紹介するから、宿泊している日活《にっかつ》ホテルに来るように言いました。翌日ホテルを訪ねると、彼は私にグランツを紹介し、レコーディングが実現しました。

私の初めてのレコーディングを録音スタジオで手伝ってくださった石原康行《いしはらやすゆき》さんは、当時ラジオ局、ラジオ東京のプロデューサーでした。ラジオ局でジャズの番組を持ってらした人です。どうしてラジオ東京で録音することになったのかは、知りません。またノーマン・グランツは私の演奏を聴かないで、レコーディングを決めました。「いつもは、たいがい聴くんだけども、オスカーが推薦するなら、自分は聴かなくてもいい」と。で、「香港に行かなきゃいけないけど、帰ってきたらレコーディングするから、それまでにレパートリーを決めといてちょうだいな」みたいなことでした。

当時ラジオ東京っていうのは、有楽町にあったんですよ。昼間は仕事してますから、録音は夜中の一二時からでした。それで石原さんが立ち会って私のデビュー・アルバム「トシコズ・ピアノ」を録音しました。録音は夜中の一二時から朝まで、二日間だったような気がするんですけどね。その辺はよく覚えてない。だいたいそんな感じでした。

「トシコ旧友に会う」とマイルス・デイビスの「ソー・ホワット」

一九六一年、五年間の渡米以来初めての帰国時、秋吉は日本のミュージシャンと「トシコ旧友に会う」（キング・レコード）というアルバムを録音する。その一曲目がマイルス・デイビスの「ソー・ホワット」、ジャズ史上最も売れたアルバムと言われるマイルスの「カインド・オブ・ブルー」の中の一曲だ。この曲こそはジャズに革命を起こしたモード・ジャズの先駆けとされる。モード・ジャズとは、それまでのコード進行に基づく即興演奏をやめ、教会旋法からヒントを得た音階（モード）に基づく即興を試みるもの。ジャズ・ミュージシャンは複雑なコード進行から逃れてより自由な表現を獲得し、その後のジャズの発展に大きく寄与することになる。

この「カインド・オブ・ブルー」。マイルスの録音は一九五九年、そしてアメリカでの発売は同年八月。日本のジャズ界でもこのアルバムは衝撃をもって迎えられた。秋吉はこのモード・ジャズをどのように受け止め、またこのアルバム「トシコ旧友に会う」の録音にいたったのだろうか？

マイルスの思い出

当時、マイルスの「カインド・オブ・ブルー」をちゃんと聴いた記憶はありません。マイルスのレコードは、まだ日本にいる一九五六年頃までは、有楽町のジャズ喫茶「コンボ」でよく聴きました。「ブルー・ピリオド」という片面全部ブルースのアルバムで、ドラムはアート・ブレイキーだったと思う。最後にマイルスが“You know ending”とか何とか言って、結局ブレイキーがエンディングちゃんとやんなかったっていう。でもその頃はまだ「カインド・オブ・ブルー」は出てなかったし、アメリカに来てからはレコードを聴くってことはほとんどなかった。

マイルスで思い出すのは一九五六年からの私

アルバム「トシコ旧友に会う」は、1961年の帰国公演を記念してつくられた

のボストン時代です。私がピアノ・トリオでよく出ていたジャズ・クラブ「ストーリービル」は一晩で二グループの演奏が普通で、マイルスはクインテット（ジョン・コルトレーン、レッド・ガーランド、ポール・チェンバース、フィリー・ジョー・ジョーンズ）で来て交互に演奏しました。私がピアノを弾いていると、マイルスがすぐそばまで来てじっと見てて。でも、これも「カインド・オブ・ブルー」より前の話です。

なぜ「ソー・ホワット」を取り上げたのか？

「トシコ旧友に会う」はジャズ評論家、久保田二郎《くぼたじろう》の企画によるものです。テナー・サックス宮沢昭、ドラムの富樫雅彦《とがしまさひこ》なんかが参加してくださった。選曲について、久保田からのリクエストは特になく、こちらで決めましたが、なぜ「ソー・ホワット」を取り上げたか、覚えてません。

モードというのは、私は拡張したテンションと考えます。いわゆるエクステンション（拡張）コード。拡張されたコードでドミナント・セブンス・コードの下から四番目の音、セブンスはフラットですよね。そうすると次のナインス、そしてイレブンス、ナチュラルでもシャープでもいいけど、そして、「ソー・ホワット」はDマイナーだから、それらのテンションを全部入れる。Dマイナー・コードはドミナント・セブンス・コードG7の代理サブドミナント・コードだから、どこまでいってもドミナント・セブンスでトニック（主音）に解決しない、いわゆるサスペンション（導音のまま）。今の言葉でいうと、Dマイナー一発ってやつです。

私自身はモード・ジャズの影響というのはあまり意識していないです。考えたら、私の曲でそういうのがあることはある。それももうずっと後になって、ビッグ・バンドができてからです。たとえばアルバム、一九八四年の「テンガロン・シャッフル」に入っている「ブルー・ドリーム」っていうのが、これがそう。頭がフルートのソロで、それで、真ん中のところでテンポが変わって、いわゆるサスペンション。ソロはアルト・サックスのジム・スナイデロです。これがそうです。だから、あるのはあるんですけど。でも、そんなにたくさんないです。

あれやれ、これやれ

一般的にジャズ・ピアニストというのは、ジャズの楽器の中でも、ピアノの前に座って、いろんなミュージシャンが入れ替わり立ち替わり来て、「これを演奏してくれ」「あれ演奏してくれ」「このキーでやってくれ、ああだこうだ」と、とにかく、来たものを何でも弾かなくてはならないというイメージがある。実際、秋吉の場合も、そんなことがあったのだろうか。一九五〇年代、東京でジャズの活動を始めた頃は、どうだったのか？

日劇《にちげき》でのあれやれ、これやれ

私は「あれやれ、これやれ」と、いうのはそんなになかったです。一つだけあるのは、ピット・オーケストラのピアニストをやったときです。アメリカに来るずっとずっと前、日劇で頼まれて、これが作曲家、服部良一《はっとりりょういち》さんの、何年祭か何かの記念の音楽会でした。歌った人たちは流行歌手です。それを、頼まれて、ピットに入ってピアノを弾いたことあります。たとえば、「夜のプラットフォーム」とか、まだ覚えています。女性の歌手も歌も。「いつまでも　いつまでも」っていう歌。いい歌ですよ。服部さん、すごくモダンで西洋的なメロディの曲が多いですね。歌った人は、二葉《ふたば》あき子っていう人。なかなか上手かったですよね。ピアノ弾きながら思わず「うまいな」なんてね。それで、昔の歌手っていうのは動かない。東海林《しょうじ》太郎《たろう》さんとか、直立不動で歌ってました。

嫌だから、自分のバンドを作ればいい

私の場合、バンドに入ってそのレパートリーを演奏すればよかったから、いろんな場所に行って、その場で「これ弾け、あれ弾け」と、言われた曲を片っ端から弾いた、なんていうのはあまりなかったです。

それをやらされたとすれば、最初、福岡で一九四八年当時のバンド・マスター山田《やまだ》竜太郎《りゅうたろう》さんからお墨付きもらって、東京に出て生駒徳二さんのバンドに入ったときです。先ほどもお話ししましたが、このバンドはショー・バンドで、米軍キャンプを回る。そのキャンプのショーの伴奏

ですよね。だから、そのショーをする人、たとえばジャグラーなんかが楽譜を持ってくるわけ。たいがい、ジャム・セッション風に、「早く何かやってくれ」みたいな調子なんですけど。それとか、オペラ歌手の伴奏です。武蔵野《むさしの》音大出身の女性で、すごく仲よくなったのに名前忘れました――そういうオペラ歌手の人とは、ピアノの初見がきかないといろいろな曲の伴奏はできない。だから、そういうときは、「あれやれ、これやれ」ですよ。

いわゆる「あれやれ、これやれ」っていうのは、たとえば、日本だとキャバレーでピアノ弾いてる人が言われると思います。そういう人はたぶん、お客さんからリクエストが来たり、そういうのがあると思います。私はキャバレーでも、それはなかった。よくわからないけど、たぶんキャバレーでもバンドに属していたからだと思いますし、第一、そんなに曲も知らなかったから。

で、そういうことやりたくないから、つまりダンス音楽やりたくないから、自分のグループ、コージー・カルテットをこしらえて――まあ、ひと月で壊れたけども、そのあともそういう調子ですよね。

でも、曲をたくさん知らなければ、仕事は得られない

ジャズの世界では、とにかく曲をたくさん知らないと——たくさんのスタンダード曲のコード進行と、それをすべてのキーで弾けるようにならないと、このジャズの世界では仕事が得られない。そういうことは確かに言えると思います。私も、勉強して、曲をいっぱい覚えた時期もあったわけです。アメリカでも昔は、だいたい、ジャズ・クラブは一晩ファイブ・ステージとか、演奏時間が長いでしょう。それだけ、演奏できる曲がないと、もたないわけですから。

「自分らしさ」を求めて
——「ザ・ビレッジ」

「ザ・ビレッジ」は、日本民謡、木更津甚句《きさらづじんく》を元にした秋吉のオリジナル。一九六一年「秋吉敏子リサイタル」に収録されて以来、コンサートでは必ずといっていいほど弾いている。叙情的なテーマに続いて一転、即興のパートになると、急速調の左手の反復するパターンの上でめくるめく右手のソロが炸裂《さくれつ》する。本人も自分のピアノ演奏の代表作というこの作品、どういう経緯で生まれたのだろうか？

私のシグニチャー・チューン

あの曲は、ルー・タバキンに言わせると「私の“Ace in the hole”」。つまり日本で言うと、トランプ・カードでいうところの切り札ですね。あの曲は、他の人にはなかなかできない。ステージでは、よく「これは私のシグニチャー・チューンだ」と紹介してます。

一九六一年、日本に帰ってきて、朝日ソノラマで録音したときに作りました。だから、留学前というか、アメリカ行く前は、まだあの曲はレパートリーにありませんでした。渡米前は、むやみやたらと、アメリカの曲を覚えるだけでも大変な時代ですからね。レコードかけてもらって、それを採譜して覚えるわけですから。日本の民謡を演奏するとか、そういうこと考えたことは全然ありませんでした。

それで、日本に帰ったときに、自分らしいものを演奏したい、そう思ったわけです。アメリカで、いわゆるバド・パウエルから脱皮して、ジャズ語、自分の言葉をいろいろ模索してるときに、日本の民謡を使って、一つ曲を作ればいいのだと、そう思ったわけです。

「ザ・ビレッジ」の誕生

六一年、月に帰ったとき、我々、チャーリー・マリアーノとのカルテットが泊まったホテルが、銀座東急っていう名前だったと思うけども、築地《つきじ》なんですよ。ちょうど、昔の東劇《とうげき》、あそこの角です。その向かい側に、ハイウェイがありますよ。そこにホテルがあったんですね。当時は畳の部屋なんかがあったりしました。

そのときに、朝日ソノラマからの録音の注文があって、当時はソノシートですよね。それで、そのときに私は、日本の民謡を手がけようかなと思ったわけです。そこで、民謡集を買って、銀座ヤマハのピアノ練習部屋で、「これがいいかな、あれがいいかな」って探して、結局「木更津甚句」になったんです。わりと短い時間で、パッとあの曲のフォームができました。

それをトリオ、あのときはジーン・チェリコのベースとエディ・マーシャルのドラムというトリオで演奏しました。あれね、八分の一五拍子っていうやつですね。三連音符ですから、簡単にいうと四分の五拍子です。それを演奏できるドラマーっていうのがなかなかいなくって。エディみたいなドラマーっていうのはちょっと珍しいドラマーですね。どっちにしろ、それで、めんどくさいからソロ・ピアノで演奏するようになったわけです。それからずっとソロなんですよね。

六四年に、パリにひと月いたとき、フランスのテレビ局で収録のために「ザ・ビレッジ」を演奏したことがあります。実は去年（二〇一六年）モンタレー・ジャズ・フェスティバルに出演したとき、演奏とは別にドラムのテリ・リン・キャリントンとトーク・イベントをやったのですが、そのときに司会者がその映像を流して、私はそれを初めて見ました。

六一年以来、さまざまな形で弾き続けている曲

というわけで、六一年に朝日ソノラマに入れて以来ずっと、あの曲は継続して弾き続けているのです。ピアノの松井八郎さんから頼まれて、松竹少女歌劇団のダンスのためのオーケストラ用に編曲したこともあります。また、ロサンジェルスのビッグ・バンドでも時々演奏してたんですけどね、そのうち演奏しなくなっちゃった。レコード「花魁譚《おいらんたん》」にも入ってます。この曲は、トランペットがむやみやたらと難しいんですが、そういうのをビッグ・バンドの連中は猛烈に好きで、ピアノは頭に登場するだけで、もうそれで終わりという感じ。イントロが終わったら、管楽器のアンサンブル、そしてソロになっちゃう。

すごい速い左手のオスティナート（同じ音型の反復）に、あたかも別の人間が演奏しているように、右で即興演奏をするっていうのは、猛烈に難しい。普通の人には絶対できないような気が

します。だから、ルーが“Ace in the hole”って言うし、ベースのジョージ・ムラッツも「どうやってるの？ “How do you do that?”」と聞いてきます。

たとえば同じような感じだと、ソロ・ピアノのレパートリーで、ディジー・ガレスピーの「コン・アルマ“Con Alma”」、あれはガレスピーらしからぬメロディの美しい曲ですが、そのエンディングも変拍子のオスティナートを使ってます。あれも長いこと演奏してます。最初、この曲を弾いてみたときには、二小節も続かないんですよね。だいぶ練習しないと、頭がうまい具合に、左手と右手を弾き分けられない。片方できるから、じゃあもう片方もできるかっていうと、そうはいかない。パターンが違うと、やっぱり、慣れるまで難しい。

「ザ・ビレッジ」は、とにかく、もう長い間弾いてるでしょう。だから、しばらく弾いていなくても、割に、脳みそが覚えてますね。まあ四年ぐらい弾かないで、いきなり弾いたらまずいだろうと思いますけど、たとえば、一〇カ月ぐらいお留守したり、一年ぐらいお留守してても、割に大丈夫ですね。日本だと、必ずコンサートのセカンド・セットの一曲目に弾きます。あれ、オープナーとしてはいい曲ですよね。

オスカーが、絶賛してくれたのに

あれはね、オスカー・ピーターソンが誉めてくれた曲なんですよ。私がまだマリアーノと一緒だった頃、スウェーデンのクラブに雇われてたときに、ちょうどオスカーのコンサートがあったんです。コンサートが終わったあと、オスカーがクラブに寄ってくれたんですよね。そのときに、私は、たまたま「ビレッジ」を弾いた。そうしたら、オスカーがものすごく誉めてくれて「トシコ、譜面を書いてくれ、僕も、僕のレパートリーにするから」って言ったんですね。私は、とにかくもう、レイジー（怠惰）でね。結局そのままになっちゃった。

あのとき彼に書いていたら、彼のことだから、ワーッとやっただろうし、彼はレコードたくさん売るから、こっちの著作権収入にもなったんでしょうけどね。

九・一一以降弾き続けている「ホープ」

二〇〇一年九月一一日のニューヨーク、ワールド・トレード・センター・ビルのテロ事件以降、秋吉はコンサートの最後に必ず「ホープ」を弾いてきた。秋吉は「私には戦争をなくすことはできません、でもなくなるように希望することはできます。この世界から戦争がなくなるまでこの曲を弾き続けます」と語る。「ホープ」を弾き続けていることで、何か感じられる変化はあるのだろうか。

変えられないかもしれないけれど、それでも自分の思いを表現すべき

この一六年間、「ホープ」を弾き続けてきましたが、実際は自分が気が済むだけです。ご存じのように、世界は悪くなる一方ですからね。

だけども、やっぱり、我々ミュージシャンは、政治を変えることはできないし、何も変えることできないけれども、「変えることできないから、じゃあ何もしないで」っていうのも、私はノーです。私自身は、気が済まない。「自分はこう思ってますよ」っていうことを、表わしたいと

思うんですよ。

だから、そういうことであってね。あれは、「我々、影響ないから何にもしないでいいよね」じゃなしに、影響ないことはわかってても、「こうあるべきですよ」とか、「こういうのはいけませんよ」とかっていうことは、表現すべきだっていう考えがありますから。そういうことで、ある意味で私の主張。主張と言うと大げさですけどね。

私のコンサートで「ホープ」を聴いて、泣いているお客様がいらっしゃるのを知って、大変に嬉しく思います。

特に私は、あれは原爆をテーマにした曲「ヒロシマ──そして終焉《しゅうえん》から」の第三楽章、エピローグで、演奏の前にこの曲について説明することが多いですよね。時間の都合で説明をあまりしないこともありますけど、たいがい説明するので。だから、それを聞いて、そういうことをお感じになる人っていうのがいらっしゃるとすれば、私は、それは大変嬉しいです。ただし、私は自分の気の済むように自分を表わしているだけです。

黄色でも赤でもいいという世界

「ポーギーとベス」では歌詞を意識した秋吉だが、彼女は以前、歌の伴奏、ボーカリストと演奏するのはあんまり好きじゃないと言っていた。これまでの長いキャリアを通して、ボーカリストとの演奏は、娘のマンディ満ちるとのツアーとレコーディング以外は、一九九六年浜松ジャズ・フェスティバルでのアンリ菅野《すがの》との共演くらい、ほんの数えるほどである。

なぜ、ボーカリストとの共演が好きでないのか。歌と器楽曲の違いについて、秋吉はどう考えているのか。

解釈は人によって違っていい

歌の伴奏は好きではありません。というよりもたぶん、私は、もともと人間の声っていうのが苦手なんだと思います。

歌手というのは我々のユニオン——演奏家のとは違って、いわば別世界の人たちです。その歌手もいわゆるジャズ歌手とエンターテイメント歌手に分けるとすると、男性のジャズ歌手は、ルイ・アームストロング、ビリー・エクスタイン。フランク・シナトラは別格として、この二人ぐらいしか私には思いつかないのです。女性だって三人、ビリー・ホリデイ、サラ・ボーン、エラ・フィッツジェラルド。あとは皆エンターテイメント歌手です。

歌っていうのは歌詞で、たとえば「右です」といったら「左」という解釈はできないわけです。歌が「これは林檎《りんご》」っていったら「いや、梨《なし》です」とは言えないわけです。ところが我々の世界、器楽曲では、聴く人によって解釈が全部違っていいわけです。人によって「この曲のイメージはイエローだな」なんて思うこともあれば、「いやこれは赤だと思いますよ」とか、解釈の仕方は全部オープン。そこが器楽曲のいいところなんです。

ピアニストは
いつもデートの相手が違うようなもの

ジャズに限らず、ピアニストは自分の弾く楽器を選べない。演奏の現場に行き、そこのピアノに初めて触り演奏する。時によって、自分の思いどおりの音が出ないピアノに出会うこともある。「あ、このピアノはやばいな」とか「これは素敵なピアノだな」といった場合、そういうときは、どのように演奏で調整するのだろうか？

私を好きになってくれたピアノ

駄目なピアノの場合、もう、「しょうがないな」ですよね。私は、ほんとにホーン・プレイヤーをうらやましいと思います。自分の楽器を持っていけて。楽器は体の延長みたいなもんですからね。我々ピアニストは行くとこ、行くとこでデートの相手が違う。そういうことですから。その時々のピアノによって、すごく私を好きになってくれるピアノもあれば、好きにならないピアノもあるし。こればかりは、もうどうしようもない。

これまで弾いたなかで、特に思い出に残っているピアノは、ニューヨークのクラブ、トップ・オブ・ザ・ゲートのピアノです。一九六〇年代の初めの頃です。ソロを頼まれて、演奏してましたけど。あそこは、ピアノを持ってないんですね。借りるわけです。それで、時々替えるわけですね、ピアノを。で、全部スタンウェイなんですけどね、あるときのスタンウェイは、もう、私のことをすごく好きで、すばらしいピアニストだと思ってくれて、私も「お金があったらあれ買いたいな」と思ったことが、一度あります。

それから、いちばんまずいのは、ニュージャージーにあった黒人のクラブのピアノです。ここ、昼間は何ていうか、ブルース、リズム・アンド・ブルースを演奏しているのですが、月曜日だったか日曜だったか、午後に、ジャズをやっていました。そこに頼まれて二回ぐらい演奏しました。これも六一、六二年ですよね。それで、一回目のゲストはディジー・ガレスピー。その次にやったときにはジミー・ヒース。ここのピアノが、ものすごく悪くて。半音下がってんですよ。だから、半音上げないと。Bフラットの曲を、Bで弾いて、やっと、管楽器に合う。その当時はだいたいのクラブが、ピアノはきちっと調律されてるわけでもないんですよ。音の悪いのがあったり。ピアノ線が切れてるところもありました。

私がアメリカに来た頃は、グランド・ピアノを置いてるクラブは、ほとんどなかった。バードランドと、フィラデルフィアのクラブペップスとか、他はみんなアップライト・ピアノを小型にしたスピネット。ピッツバーグとか、グリーンランドのクラブとかは、みんなスピネットです。今みたいにミュージシャンの地位も給料も高くないし。ピアノはただあればいい。そういう時代でした。

最近では、どこに行ってもピアノはちゃんと調律されているし、演奏の前にはサウンドチェックもありますので、いきなり弾いてひどいピアノだったと、そういう記憶はないです。

ピアノっていうのは、人によって違うと思うんですけどね、私のことを猛烈に思ってくれるピアノと、全然思ってくれないピアノっていうのがあるんですよ。メーカーは関係ないんですね。

［第三章］

作曲――才能について

すばらしいメロディを
書けるか書けないかは、
才能の問題じゃなしに、
どれだけ時間をかけて、
それが頭の中に聞こえてくるまで
辛抱《しんぼう》強く待つか、だと思う。

自分のアイデンティティのために

私はジャズ・ミュージシャンだから、ジャズ語で綴《つづ》る

結局、私がジャズ・オーケストラ（ビッグ・バンド）を持った理由というのは、持ちたいから持ったんじゃないです。私自身の考えをジャズ語で綴ろうと思ったときに、どうしても必要だったからなんです。

ご存じのように、私はジャズ・ピアニストとして始まってます。ピアニストで、まあ認められて、その認められたおかげで一九五六年にアメリカに行きました。アメリカは、一九六〇年代には、市民革命というか、国内での変革のあった時代ですよね。そのときに私は、一人でニューヨークで、やっと家賃払っているという生活を送っていた。当時ジャズ・ミュージシャンはほとんど皆そうでした。だから、この変革の時代に何かしなければと思った。これが一つ目の理由です。

もう一つは、私は、うんと若い十代には、ミュージシャンで、という頭しかなかったんですけど、年を重ねてから、自分は社会の一人というふうに思うようになった。だから、社会で起こる

ことっていうのは、非常に気になる。政治、つまり、上の政策決定者“decision maker”、つまり、政府なり、大きな会社、そういう連中が決めたことによって、その影響を我々市民が受けるわけですよね。水俣《みなまた》がそうですよ。私はそういうことにすごく関心を持っています。

私はジャズ・ミュージシャンだから、自分の考えをジャズ語で綴ろう、というふうになったわけです。もし私がジャーナリストだったら、そういう、自分が関心を持っている社会情勢について書くけれども。

なぜ、曲を書くのか

それで、私は曲を作る。一人のときは自分のために作る。曲を作るというのは、どういうことかというと、自分のキャラクターというのかな、たとえばデューク・エリントンの曲を聴くと、デュークだとワッとわかるし、セロニアス・モンクの曲聴くと「あ、モンク」ってわかる。そういう、自身のアイデンティティっていうのを作るということですよね。

だから、そういう自分のアイデンティティのために、曲を作るということに、私は関心を持ち出して、作る努力をし始めました。それで、社会の変革であったり、社会で起こることにとても関心があるので、それを自分がジャズ語で表わしたい、と思うようになりました。そうすると、カルテットではちょっと足りないな、もっと色が欲しいなという感じがあって、それでビッグ・バンドになったわけです。だから、私が画家だったら、色彩豊かな西洋の画家ですよね。たぶん水墨画や日本画じゃなかったんだと思う。それでビッグ・バンドということになったわけです。

ですから、自分の考えていることを曲にして、いわゆるプログロマティック・ミュージック（表題音楽）と言いますけども、オペラみたいなものですね、そういう曲を作る。その他はミュージシャンの持ち味を生かしてのいわゆるジャズ曲を作る。ジャズの曲は私のビッグ・バンドの曲のだいたい六〇パーセントから六五パーセントぐらいです。いわゆる表題音楽（プログロマティック・ミュージック）を主に作曲したのは、デューク・エリントンぐらい。若いビッグ・バンド作曲家は、だいたいみんなジャズ曲でしょう。私の場合、表題音楽は全体の四〇パーセント、あるいは三五パーセントぐらいです。「孤軍《こぐん》」がそうだし、「ヒロシマ」もそうです。

ともかく、大半はいわゆるジャズ曲で、メンバーの、みんなのいろんな癖を生かして作っています。

才能の問題ではない

すばらしいメロディは努力で生まれる

曲を書くようになってから、私はもともとピアニストだから、ハーモニーということは、ものすごくよく知っているわけです。だから、ハーモニーについて、あまり苦労したことはないです。ところが、私はメロディを作るのが下手で。それで、考えたら、クラシックの曲っていうのは、たとえば二〇分とか三〇分とか長いでしょう。でも、その中で我々が覚えてるのは、その中心のメロディ、その曲の真ん中にあるテーマですよね。で、他のところは、もちろん、プロフェッショナルでそれを演奏する人でなければ、全部は覚えてないでしょう。でも、聴くほうとしては、覚えてるのは、二〇分の曲で、やはりそのメロディになってるとこです。

だから、メロディっていうのがいかに大事かっていうふうに、私は思ったわけです。ところが、私はメロディ作るのが下手。だからものすごく、努力したんです。そしたら、最初に我々のロサンジェルスのビッグ・バンドがニューヨークのリンカーン・センターで演奏したときに、当時の、ニューヨーカー誌の批評家、名前は忘れましたが、彼が「美しいメロディがいくつも現われる。"It often beautiful melody occurs"」って書いてるんですよね。だから、一所懸命努力すると、やはり何とかなるもんだな、って思いました。

諦《あきら》めなければ、何かが出てくる

それで、ずっとずっと前、マイルス・デイビスに作編曲を提供して高い評価を得たギル・エヴァンスに「貴方《あなた》の作るハーモニー、すごくきれいで、私もああいうふうにできたらすばらしい」って言ったら、彼いわく、「これは、自分がいちばん苦手で、苦手だったから、一所懸命努力した」って、彼、そう言ったの。だから、やはり、努力すると何とかなるっていうことです。メロディを一所懸命考えてて、頭に浮かばなくっても、もっと努力したら何か出てくる。諦めなければ、何か出てくるんですよね。

すばらしいメロディ、みんなが「ああ、いいいな」と思ってくれるようなメロディを書けるか書けないかは、才能の問題じゃなしに、どれだけ時間をかけて、それが頭の中に聞こえてくるまで待つかってことだと思いますよね。

作曲するには、ピアノから離れないといけません。ピアノをギャーギャー弾いてたら絶対だめです。作曲中っていうのは、たとえば、今みたいに椅子に座って、じーっと頭の中でいろんなことを考えてるっていうのが、私の作曲の最初の段階です。

編曲——セオリーでは書かない

努力していいメロディを考え、それが具体的になったら、そのあとは編曲。まあ、何でも難しいけども、メロディを考えてるときよりは簡単。ただし時間がかかる。私の場合、時間がかかります。つまり、我々のビッグ・バンドの場合はだいたい管楽器が一三人です。それで、トラディショナルには、これとこれ、ここのところはトランペット、トロンボーンはここ、というように編曲のセオリーがありますが、私はそういう書き方しないので。一曲一曲、違うんですよ。少しずつね。

だから、ロサンジェルスのビッグ・バンドのための音楽を作り出したときに、たとえばコード進行があります。それで、メロディがあります。そうすると、メロディが上に上がるときと、下に下がるときと、同じコード進行でメロディが同じだけど、私はハーモニーは同じにしない。同じなのが当たり前だっていうふうに思うわけですけど。

それで、よくメンバーから質問を受けました。この場所、上に上がるときと、下がるときのハーモニーが違うって。で、私は、それは、上に上がるときと下に下がるときと、このメロディは、やはり、曲として違うほうがいいと。だから、必ずしもセオリーとは関係ないからって。で、とにかく、音を決めるのに、ハーモニー決めるのに、私は猛烈に時間かかります。だから「その音を、敬意を表して演奏すること」って言うんですよ。

メロディが似たような曲があるとします。それで、あるところのコード進行が同じだったとします。その曲は同じ響きになるのかといったら、そうはいかない。そういうことですね。やはりハーモニーっていうのは、ある意味では、色ですから。だから、表情がある。表情があるから、必ずしも、この曲とこの曲は、コードが同じだから同じ、というわけにはいかない。この曲とこの曲は違う曲だから。だから、それなりの表情というのを、ハーモニー、全部のハーモニーで表わさないといけないと、こういうことですよね。

得意でないから、私は時間で努力する

私はメロディを書くのがあんまり得意じゃないので、ものすごく努力をします。その努力っていうのは、たとえば、プロの作曲家が五分で美しいメロディを思い浮かべるのに、私は一時間かかるというように、そういう時間で努力をします。それで、頭の中で出たものを、ピアノで弾いて確かめるわけですね。確かめて、そうじゃなかったりすると、また考えます。それで、ひと晩寝るわけですね。その次の日にまた弾いてみて「いや、まずいな」と思ったら没にします。ところが、その次の日弾いても、「まあいいんじゃないかな」なんて思ったりしたら、またその次の日に弾いてみる。だいたい三日弾いて「いいだろう」と思ったらたぶんいい。

メロディを考えるのに最適なのは、ハイウェイをドライブしてるとき。それから、郵便局で並んでるとき、これです。何かしら違うことをしていても、頭の中はいつも作曲しているのです。

作曲は、お尻から

自分が最初の聴衆

曲を書くときには、自分が最初の聴衆です。だから、これを聴いたときに、特にストーリー、いわゆるオペラみたいなストーリーの展開みたいになるわけなんだけど、聴き終わったときに、こういう気持ちをこの曲から受けたという、それを書きたいと思うわけです。そのための曲ですから。それには、どういう音を選ぼうかなという、曲の終わりから作曲を始めるわけです。お尻からね。

だから、曲に筆をつけるって言うと大げさですけど、いわゆる、曲を書き始める前に、頭の中で考えないといけないので、ものすごく時間かかるわけですね。たとえば、一九七七年の「マーチ・オブ・ザ・タッドポールズ」みたいな曲——この曲は、トロンボーン・セクション全部を、フィーチャーしようと考えますよね。そうすると、頭の中で、どうしようかなって考えないといけないわけです。それで、頭の中で考えて、だいたいこんな感じで、そうすると、いちばん難しいのが、イントロ。イントロダクションですよね。これがいちばん難しい。入り方というのが。私は書き始めても時間かかるほうですけどね。だけど、その前にも猛烈に時間がかかるわけです。

世界でいちばん時間のかかる作曲家

このテーマで書いてくれって言われた曲でも、私が自分で「このテーマで書きたい」っていった曲でも、その猛烈にかかる時間は同じなわけです。たとえば「孤軍」。あれは「書いてください」と頼まれたのではなく自分で書きたかったテーマです。「ヒロシマ」は頼まれたけども。それから、一九九一年の横浜、国際平和会議場で世界の市長が集まるコンファレンスがあって、そこで初演した「チルドレン・オブ・ザ・ユニバース」、あれも頼まれた。自分から書いたっていうのは一九七五年の「花魁譚」がありますよね。あれ、昔の江戸時代の社会の、花魁女性の悲恋、そういう、いわゆるストーリーものっていうのは、やはり、いちばん時間がかかるわけです。

先ほども申したように、私の曲の中で、六〇パーセントぐらいが、普通のジャズっていうか、トラディショナルなものですね。でも、それもやはり時間かかります。私が書くのがいちばん遅い作曲家かと思ったら、ギル・エヴァンスがものすごく遅かったらしいですよ。でも、彼は亡くなっちゃったから、今は私が一番。もっとも、彼、曲はあんまり書かなくて、編曲のほうが多かったらしいけど。

アマチュアとプロフェッショナル

私はプロフェッショナルな作曲家ではない

いわゆるプロフェッショナルの作曲家っていうのは、「チョコレートを売るための音楽を書いてくださいな」って依頼される。そうすると、「はい、わかりました」といってミュージシャンたちが、ユニオンの規則で、二時間で演奏できるように、やさしく書かなきゃいけない。短い時間で録音が終わるように。これがプロフェッショナル。それで、次から次へと曲を頼まれると、いちいち深く考えている暇ないので、いつも同じようなものを書いちゃうわけですよね。

私は、自分が考えたことしか書かない。自分のジャズの曲を書くのに一所懸命ですから、これはプロフェッショナルとは言えない。だから、いつも作曲のことを聞かれると、自分はプロフェッショナルではないと答えます。私はいつもアマチュアだと思ってます、と。

考えている時間が大切

たとえば表現したいテーマがある曲で、水俣の公害を扱った一九七六年の「ミナマタ(MINAMATA)」、原爆を扱った二〇〇一年の「ヒロシマ」、あるいは青森、森田村から委嘱《いしょく》を受け、森田村の四季を表現した一九九六年の「フォー・シーズンズ」にしても、いろんな資料、いろんな情報をインプットしていって、曲のことを考えて考えて、それで、その曲のサウンドというか、曲が頭の中に浮かび始めるっていう感じなんです。考えてる時間っていうのが大切です。曲が浮かぶまで辛抱強く待ってないと、寝てばっかりじゃだめ。やっぱり曲を作る努力しないとだめです。たとえば資料を読んだり、写真を見たり、そういうことをやってるうちに、だんだんだんだん、メロディというか、音楽が浮かんでくるのです。それで、まあ、いいかどうかな、っていう感じです。

森田村の「フォー・シーズンズ」は、季節を変えて見に行きました。四年かかってるんですよ。どういうところか見に行って、それから、四季ですからね。春見に行って。秋見に行って、冬見に行って、夏は見に行ってないですけど。他の曲と違って、森田村の四季っていうのは、まさに自然の風景とかそういうものがテーマになると思うんですが、とはいっても、実際に行って、その場でメロディが降りてきたとか、そういうことはなかったです。降りてこない。

出来上がったものに言い訳はしない

曲を書き上げて、最初の演奏会、あるいはレコーディングで、仕上げたものをみんなに披露したあとに「ちょっとこれ、こういうふうに直したほうがいいな」って、微調整したり、違うところで演奏するときには、「こういうふうに変えよう」とか、最初に仕上げた曲を、違う形にしていくっていうことは、あんまりないです。

というのは、我々のジャズ・オーケストラ（ビッグ・バンド）、以前は一週間に一回は必ず練習していましたので。第一に、私は曲を書くのに猛烈に時間かけてます。それでもやっぱり、自分が計算してなかったことっていうのが、必ずどこかにあるんです。それで、リハーサルで最初に聴いたとき「あ、こんなはずじゃなかったな」みたいなのがあると、私は、それを直すわけです。

ですから、人前で演奏するまでには、直すべきところは直している。そのためにリハーサルがあるわけですから。だから「これでいいな」って出来上がって人の前で演奏するものは、もう完璧なもの。仕上げたものに言い訳はできないわけですね。しかも、そのあと演奏するのは、我々の場合、いつも同じ人たちが演奏するわけですから、一回音楽を固定すれば、もう直すことは九五パーセントない。

私が作る曲の特徴をいえば、これまでジャズ・ピアニストとして経験したもの、これが土台です。それが私の財産。音楽はそこから出てきてるから。だから、もし他の連中とちょっと違うなっていうのであれば、たぶんそこだと思います。だいたいジャズの作曲家っていうのは、楽器も吹くけどもそんなに上手くない。作曲もするし、吹くのもうまいっていうのは、フランク・フォスターぐらいですね。あとはあんまりいないですよ。だから自分はまあ、作曲家と思っていないのですけれど。

今は自分のジャズ・オーケストラ（ビッグ・バンド）はもう活動していないので他のビッグ・

バンドのために新曲を書くことはほとんどないです。小さい編成、たとえばデュエットみたいなものに書くことも今はないかな。最近は、とにかく、ピアノのほうに、ピアノを弾くのに専念しています。書こうかなっていう気も、少しはあるんですけどね。だいたい私は、プロフェッショナルな作曲家じゃないですから。職業書き屋さんじゃないから。書こうっていう、何か理由がないと書きません。自分はね、ピアニストだと思っていますから。

ただ、私が作曲を始めて、書く前は、別にそれほど注目浴びたわけじゃないのに、書き出してからみんなが注目し出したんです。たぶん、私のバリューっていうかな、それはたぶん、作曲家としてかもしれません。曲数も一〇〇ちょっとありますから。そうかもしれないですけど、でも、私自身はピアニストだと思ってます。

経験は互いに影響しあう

ピアノと作曲というのはお互いに影響しあっているのです。書く曲っていうのは、全部ピアニストとしての経験から出ているわけですね。ところが、今度は逆に、曲を書くことによって、それがピアノを弾くのに影響するんですね、書いたものによってね。そういう、書くことと弾くことの双方で、音楽家として少しずつ成長している。昔は考えてなかったことを考えるとか、そういうことを感じます。やっぱり曲を作ることは、ピアニストとしての私にも、だいぶプラスになっていると思いますね。ピアノと作曲は私の中で、重複というか、双方向っていうかな。

「私は猛烈に作曲する時間が遅い作曲家だ」とはいうものの、委嘱を受けて初演がこの何年何月何日である、あるいはレコーディングが何月何日と決まりスタジオが取れている、というようにスケジュールが決まっている場合、その演奏に間に合わないことはないのだろうか。

一曲に一年以上の時間をかける

レコーディングの場合は、スタジオを先に決めることは絶対にないです。曲が全部できてからスタジオを押さえます。ビッグ・バンドのいちばん最初のアルバム、一九七四年の「孤軍」のとき、プロデューサーの井坂《いさか》さんにレコーディングの申し込みをしたら、「興味がある」っておっしゃって。で、時間どれだけかかりますか、と聞かれて「だいたい一曲、ひと月かかります」って言ったら、「それじゃ一年にアルバム二枚できるじゃない」って言われました。つまり、当時はLP一枚で六曲。もっとも一曲にひと月というのは当時の話ですので、今はもっと時間かかりますけどね。当時はだいたいそんな感じでした。だから、録音に間に合わせるという曲の作り方はしないです。曲を書いてから録音を決めます。

実際にコンサートで初めて演奏する曲っていうのは、日にちは決まっていますけど、曲はもうずっと前から準備して、何回もこちらで練習して、そして初演を迎える。

たとえば一九九九年、モンタレー・ジャズ・フェスティバルで初演したデューク・エリントンに捧げた曲「トリビュート・トゥ・エリントン」。あれは初演の一年前にモンタレーのプロデューサーから頼まれました。私は曲を書くのが「孤軍」の頃にくらべてだんだん遅くなり、一曲書き上げるのに最低一年は必要となっていました。それで、あれは一年かかってます。初演はフェスティバルでの生演奏です。

で、レコーディングはそのあと、スタジオに入ってです。あの曲は演奏する日が決まってましたけれども、一年前にコミッションを受けていました。一年はもらわないと。一年前でないと、私はだめです。「ヒロシマ」の場合も「待ってください」と、委嘱してきた中川元《なかかわはじめ》さんに言って、「待ちます」と了解してくださった。つまり、やっぱり一年以上の時間をもらいました。

委嘱されたときに、そのテーマ、たとえば「何々について書いてくれ」「何々をテーマ」にという、そういう指定は、私は原則的に受け付けません。これまで、そういう委嘱を受け付けたのは、エリントンに捧げた曲と「ヒロシマ」「森田村（フォー・シーズンズ）」くらいです。けれども、それは全部、私の持ってるバンドが演奏するっていうことが条件になっています。

ひとつだけの例外が、リンカーン・センターの、ウィントン・マルサリスがリーダーをやっているリンカーン・センター・ジャズ・オーケストラが初演した二〇〇四年の「レッツ・フリーダム・スイング」ですね。まあ「うちのバンドで演奏させてください」っていう委嘱を受けたっていうのは、そんなものぐらいですから。アメリカは、いろんなところにビッグ・バンドありますよね。そういうところから頼まれたことありますけど、それらはみんな、断わってます。

いいところも悪いところも使いこなす

ビッグ・バンド（ジャズ・オーケストラ）のために書いた曲の中で、ソロを取るソリストを指名するときに、たとえば「この曲のこのトランペットのソロは、こんな感じが欲しい」とリクエストをするのか、あるいは逆に「そこはあなた、好きに自由に吹きなさいよ」と任せるのか。ソロの即興演奏も含めて、ジャズ作曲家秋吉の作った、秋吉の一つのサウンドなのか。インプロヴィゼーションのところはもう、そのソリスト個人の世界なのか。

曲とソリストは馬とジョッキーみたいなもの

そう、そのソリストの世界です。どんなソロをやっても、それは私としてはかまわない。だけども、私は、だいたいメンバーみんなのこと、よく知ってますから。そのために持ってる自分のビッグ・バンドです。メンバー一人ひとりのために、個人的に書くスタイルなので、それぞれの人の癖はわかってます。だから、「アンサンブルは必ずこうやってください。そのかわりソロは勝手にやっていいです」と、こういうわけですよね。ソロは、だから自分なりにどうぞご自由に、です。

たとえば一つの曲の中で、ソロとリズムだけのところがあるんです。それは、ルー・タバキンの曲で私がジャズ・オーケストラにアレンジした曲、一九九三年の「砂漠の女“Desert Lady Fantasy”」。その曲は彼が安部《あべ》公房《こうぼう》の『砂の女』からインスパイヤーされて作ったものです。その曲の中間部のところに、トロンボーンとパーカッションだけのパートがあります。このトロンボーンね、コンラッド・ハービグ。彼はいまは有名になっちゃったけど、何やってるかわかんないようなソロをするんですよ。これがいいなと思って。だから「この人にめちゃくちゃ、好きなようにやってもいいわよ」って言っても、何をやるか、もう私にとっては、わかってるってことです。

だから、自分のバンド持ってるということはどういうことかっていうと、一人ひとりのミュージシャンの癖のいいとこ、悪いとこ全部、わかって曲を作れるということだと思います。そのミュージシャンの悪いところをまた使って良くするっていうのが、作曲家の役目だと思います。

「何だ、あんなの」っていうのを、「あ、あれがいい」っていうように使う。「ここ、あの人にやらせればいい」っていうようにです。それが作曲家の役目であると思ってます。

最初、ロサンジェルスでビッグ・バンドを結成して、ピアノのジョン・ルイスがすごく誉めてくれて、モンタレー・ジャズ・フェスティバルに最初雇ってくれた頃なんてのは、「なぜルー・タバキンにばっかりソロをさせるんだ」なんていう批評がありました。彼のために書いた曲もあるし。彼が得意とするバラードもあるし。

たとえばカウント・ベイシーのビッグ・バンドっていうのは、テナー・サックスのレスター・ヤングが入るまでは、変な言い方ですけどね、普通のバンド、合奏バンドでした。ところがレスター・ヤングが入ってからすごく有名になって、結局、カウント・ベイシー＝レスター・ヤングって感じになりました。

まあ、デューク・エリントンの場合は、みんなソリストだけども、テナー・サックスのソロは、あとでヨーロッパ行っちゃった、ベン・ウェブスターが入るまでは、なかったんですよね。

だから、そういうふうに、この人はこういうソロやって、この人はこういうソロをやって、って、たづなをさばくように曲を書く。曲とソリストっていうのは、馬とジョッキーみたいなものですから。馬がいくらよくても、騎手が悪ければ勝てないし、騎手がいくらよくても馬がだめだったら勝てない。両方よくなきゃいけない。同じようなことですよね。だから、曲もよくなきゃいけないけれども、それにやっぱりマッチするソロっていうのが、すごく大事なわけですよね。ジャズの場合は。ダンス音楽と違いますから。

私が一九七四年に書いた「メモリー」のソロはトランペットのボビー・シュー、彼は、すごくリリカルなプレイヤーですからね。あの曲を作るとき、「ボビーに吹いてもらったらいいな」っていうような、そういうのはやっぱり、あります。

ロスだから生まれた、色彩豊かなビッグ・バンド

木管セクションというか、サックス・セクションが、必ず持ち替えで、フルートとクラリネットができなきゃいけない、というのが、私のビッグ・バンドの特色です。

その理由じゃすが、そもそも私はビッグ・バンド、やりたかったんじゃなかったのです。ルー・

タバキンが、レギュラーのスタジオの仕事でトゥナイト・ショーのバンド、ドク・セバリンセン・オーケストラをやっていたのですが、それがニューヨークからロサンジェルスに移ったわけですね。それで我々も移ったのですが、ロサンジェルスというところは、ジャズのシーンが何もないところです。それで、彼が欲求不満になって、ある日のこと、彼が、「ここロサンジェルスのユニオンでは、五〇セントで二時間四五分練習スタジオが借りられる。君が書いたビッグ・バンドの曲があるから、それを、僕がミュージシャン集めるから、それでも演奏しよう」って言い出した。彼としてはジャズに携わっていたいっていう頭があって。そういうことで始まったバンドなんです。

当時、私が書いたビッグ・バンドの曲というのは、一九六七年のニューヨークのタウン・ホールの私のコンサートのために書いた曲で、六曲ぐらいあったんですね。それが最初なんです。それで、毎週水曜日の朝、集まるようになりました。

ところが、ロサンジェルスに集まるミュージシャンっていうのは、スタジオ・ミュージシャンとして仕事をしたいからロサンジェルスに行くわけですよ。ニューヨークに集まるミュージシャンっていうのは、有名になりたいジャズ・ミュージシャン。だから、違うんですね、目的が。だからロスでは、管楽器のミュージシャンは全部楽器の持ち替えができなかったらスタジオで仕事ができない。つまり、サキソフォン・プレイヤーっていうのは、バリトン、テナー、アルト・サキソフォン、クラリネット、フルート、みんな持ち替えていくわけです。ルーだけは、フルートとテナーサックスしか吹かないですが。

それで、考えてみれば、みんな持ち替えるんだから、木管楽器セクションができる。じゃあ、それを私は使用しようっていう発想で、色どり豊かなサウンドができたんです。こっちが要求したんじゃないに。結果的に、「ファースト・ナイト」みたいなフルートのアンサンブルの曲ができたのは、それは結局、ビッグ・バンドがロスにあったから。私が作りたいから、「じゃあ、フルート五本集めてちょうだい」っていうんじゃないんですよ。ロスという場所でルーが集めたミュージシャンが、スタジオ・ミュージシャンだったからです。

だから、これがもし、仮にニューヨークで、ルーがミュージシャンを連れてやったとしますよね。ミュージシャンの問題の前にまず、ニューヨークっていうところは、当時そういうユニオンに、ミュージシャンが借りられるような、安い練習スタジオっていうのはなかったから、お金かかりますからね。だからビッグ・バンドはできなかったと思います。

　仮に、できたとしても、ニューヨークのジャズ・ミュージシャンだったら楽器の持ち替えはないから、ああいうセクションはできなかった。だから、ある意味で、偶然にも、ロサンジェルスに移ったっていうことは、私のためになったっていうことですね。色彩豊かなサウンドってのは、ロスのミュージシャンを使ったビッグ・バンドだからこそできたっていうことです。

　だから、一九八二年ニューヨークに再度移っ

ロスで結成した、アキヨシ＝タバキン・ビッグ・バンドは色彩豊かな音色が特徴。1974年、モンタレー・ジャズ・フェスティバルで指揮する著者

て、ジャズ・オーケストラ（ビッグ・バンド）を作ったときに、そのメンバーっていうのは、要するに「サックスは持ち替えができなきゃ入れないわよ」っていうことになったわけです。ルーがメンバーを集めてくれたんだけども、サキソフォンの連中は持ち替えできないとだめ、って。

最初にビッグ・バンドを作ったときは、ロサンジェルスにいたから、メンバーみんなが楽器を持ち替えられるという特色を利用して、音楽を作れました。それが私の音楽のトレード・マークにもなったのです。

初めてのビッグ・バンドの曲は「ザ・ビレッジ」

一九七二年にロサンジェルスでビッグ・バンドを始める一〇年ぐらい前に、ビッグ・バンドの曲は作っていました。お金もらったわけじゃないけども、頼まれて作ったんです。その最初の曲が、先にもお話しした「ザ・ビレッジ」です。

それは、浅草の劇場に松竹歌劇団、松竹オペラっていうのがあるのですが、そのバンドがダンスの伴奏をするというふうな曲を書いてくれとの依頼でした。その話を持ってきたのが、松井八郎さんという私の東京での最初のピアノの先生で、東京ジャイブっていうバンドでピアノを弾いてました。

そのときの私は、まだ編曲が未熟というか、演奏するのが難しいとか、そういうこと考える余裕がなかったので、ギャーッて書いたのが、猛烈に難しい曲になりました。特にトランペットが難しいんですよ。みんな演奏するのにすごく苦労しました。そして、それを一九六四年に東京で録音したアルバム「トシコ&モダン・ジャズ」でも演奏しました。日本のミュージシャン、もうみんな、しゃかりきになって大変だったわけです。

そのアルバムではチャーリー・マリアーノも参加しているんですが、彼は「こういうの、アメリカのビッグ・バンドだったらすごくよく吹く」って、言ったことがある。それでロサンジェルスのビッグ・バンドでも演奏してたのですが、連中は、あの曲、すごく好きなんです。「何か、やり甲斐《がい》のあるものがいい」みたいなとこがあるでしょう。ソロ・ピアノでやる左手の反復のパターンを、サキソフォンの、バリトンとテナーとで分かち合って、ワーッとやる。そういうのが好きなんです。

ジャズ語がなくなりつつある

かつて、秋吉は、インタビューで「デューク・エリントンでもない、ジョン・ルイスでもない、私はジャズの中に、日本の言葉っていうか、日本のものをジャズに持ち込むことで、ジャズを少しでも豊かなものにしたい。それが私がジャズに貢献できる方法の一つである」と答えていた。彼女の音楽は、そういう新しい要素を入れてジャズを豊かなものとした。秋吉がいなくなったあと、ジャズの中に、彼女が取り組んだ試みが残ってほしいという気持ちはあるのだろうか。

変化するジャズ、終わりつつあるジャズ

それは、残ってくれればいいなという気持ちはあります。よければ残るだろうし。よくなければ残らないでしょう。ジャズそのものは、ご存じのように、変化していきますから。

私は、ジャズというのは、ニューオーリンズからビバップまでは、一つのルート——つまり土台が同じだったと思うんですよ。ただ、ビバップのあとに出てきた、いわゆるオルタナティブ・

ミュージックとか、あと、ランディ・ブレッカーの弟、サックスのマイケル・ブレッカーのフュージョンみたいに横に流れるような音楽になってからは、ジャズのルーツから切れて、別のものになったと思うんですね。で、今は完全に、私は、ジャズ語っていうのがなくなりつつあるなって思います。むしろ、ヨーロッパ音楽と言っても差し支えないぐらい、ヨーロピアンになっているると思うんですよ。ジャズは変化していきますから。

たとえばクラシックだったら、バロックの協会というのがありますよね。バロック・ミュージック・ソサエティっていうの。だから、ジャズもそういうふうに、ミュージアム、博物館に入る、そういう存在になるんじゃないかなって思います。

いわゆるジャズ語というのは、クラシックの言葉と全然違うというところが、私にとってはすごく魅力がある。だけど、それがなくなりつつある。で、ただね、一つは、ウィントン・マルサリスはそれを何とかキープしようっていう努力をしてると思うんですね。ジャズの学校から、出てくる連中が、みんなそういう感じなので。でも、どれだけ残るかわからない。いわゆる、私が考えてるジャズというのは、ニューオーリンズからビバップの最後までで、ここでもう終わりだって思います。

［第四章］

一九五〇－六〇年代のアメリカとジャズ・ミュージシャンたち

――私が出会った巨匠たち

人生には、
偶然というタイミングがある。

一九六〇年代のアメリカ——激動の時代の中で

バークリー音楽院を卒業後、一九五九年にニューヨークに来て、一九七二年にロサンジェルスに移る。一九六〇年代のニューヨーク、まさに激動の時代を、秋吉はどう生きたのか。

バークリー音楽院を卒業してニューヨークへ

一九六〇年代の話……ちょっと、思い出さなきゃいけない。

ボストンからニューヨークに出てきた理由は、まず、第一に、私は学校——バークリー音楽院——を卒業したら日本に帰って、学校で習ったことを、日本のミュージシャンに伝えなきゃいけないと思ってたんですよ。ところが、学校が終わると「さて何を習ったかな」なんて思った。別に、何にも身につけていないような気持ちになり「ちょっとこれは、帰ってもまずいな」と思って。それでニューヨークに出たわけですね。

バークリー音楽院にいたときには、私は、ある意味、学校の宣伝用に呼ばれたわけですから、学校がマネージャーだし、学校の許可がないと、たとえば私が出演したいと思ってもできないんです。ベーシスト、オスカー・ペティフォードのビッグ・バンドが、バードランドに二週間出たときに、「ピアノを弾いたら」って彼から言われたんだけど、学校が断わった、なんてこともありました。

私が学校にいたときには、夏休みはヒッコリー・ハウスにブックされたんですね。それで、夏休みひと月はニューヨークでベースのジーン・チェリコと、ドラムのジェイク・ハナと一緒。両方とも学校にいたミュージシャンでした。最初の夏は、リバーサイド、アップタウン一〇六丁目にあるジャズ評論家、レナード・フェザーの家を学校が借りて滞在しました。二年目は、ブライアント・ホテル。ブロードウェイ五四丁目。まあ、いいところとは言えないです。結局、街の真ん中っていうわけ。ヒッコリー・ハウスも五二丁目の、セブンとシックスの間かな。ブライアント・ホテルからトコトコッと歩いて通いました。

卒業して、ニューヨークに出た時点では、私はニューヨークのジャズ・ミュージシャン連中と同じ立場——ジャズ・ミュージシャンっていうのは、当時は特に、何とか生活してるみたいなところがありましたからね、そういう、みんなと同じようになったわけですよ。

トシコ＝マリアーノ・カルテットの結成

学校にいるとき、チャーリー・マリアーノと出会いました。彼は、イタリア移民ボストン出身のアルト・サックス奏者、ドラムのシェリー・マンのグループにいたんですが、学校に教えに帰ってきてました。それで私は彼と出会って結婚したのです。一九五九年のことです。

周りの連中、学校もマネージャーもブッキング・エージェントなんかも私に「ピアノ・トリオでやったほうがいい」って言って、カルテットっていうのはすごく反対だったんですよ。だけど、私は、結婚した以上は離ればなれに仕事するのはよくないと思って、それで、ニューヨークに来てからトシコ＝マリアーノ・カルテットを作りました。

「トシコ＝マリアーノ・カルテット」というカルテット名を皆さんは、トシコ・マリアーノという、私の名前のカルテットだと思いがちなんですけど、あれ、ハイフンなんですよね。トシコ・アキヨシとチャーリー・マリアーノの、という意味なんです。ただ、アメリカの場合、私を、アキヨシってほとんどみんな言わない。「トシコ、トシコ」ですからね。だから、トシコ＝マリアーノ・カルテット、双頭カルテットなんです。

それでマリアーノのお友だち——彼がロサンジェルスにいたときのお友だちで、レコーディング・プロデューサーだった人、ちょっと名前忘れたけど——そのご夫婦、犬を三匹飼っていた人でニュージャージーの家に住んでいた。その二階を我々が借りたわけです。これがリオニアという町でした。ニューヨーク、マンハッタン島の北西にあるジョージ・ワシントン・ブリッジを渡るとニュージャージー、そのすぐの町です。ニューヨークに出て、ニュージャージーのレンタカー屋さん、そこを見つけて、借りた車の後ろに荷物を積み込んで、そこにドライブ、ワーッと引っ越したのを覚えてます。

ニューヨークで、トシコ＝マリアーノ・カルテットの活動を始めたんですが、実際は演奏の機会はそんなにたくさんなかった。当時は、ジョー・グレイザーズ・オフィスって、有名なブッキング・エージェントですけど、たとえばルイ・アームストロングのグループとか、そういうグループを取り扱ってた。プロモーターのジョージ・ウェインだと思うけども、彼の口添えで、そこに所属させてくれました。

ところが、我々みたいな小さな存在は、彼らの頭ん中には入ってないわけで、順番が何番目かになっちゃうんですよね。だから、時々電話しないといけないわけです。電話して、「どうです、何かありません？」みたいな調子です。そうすると、「あ」なんて、向こうは、我々のこと、思い出す。そういう調子でジョー・グレイザーがブッキングしてくれたんだけど、仕事はそんなにあったわけじゃないですよ。そういうときには、ニューヨークのジャズ・クラブだ

1959年、ニューヨークで結成したトシコ＝マリアーノ・カルテット

けじゃなく、ツアーです。だから、向こうは「あ」と言っても、結局、当時はいろんなところ、クリーブランドや、ピッツバーグにジャズ・クラブがあったので、そういうところに行くわけです。ニューヨークだけでは、生活できません。

当時のニューヨークのマンハッタンには、それほどジャズ・クラブがあったわけではないのです。当時は少なくなった時代だったんですね。私がアメリカに来たときには、いろんなところにジャズ・クラブがあって、しかもピアニストには、イースト・サイドの、いわゆる高級カクテル・バーみたいなところでの仕事がありました。そういうとこはピアニストを雇《やと》ったんですよね。だけども、私はそういうプレイをしないから、学校がブッキングしてくれたけども、いわゆるお酒がおいしくなるようなカクテル・ピアノみたいな演奏でないとだめなんですが、私はそういうのがだめで、途中でクビになったりしました。

結局、私は、バードランドみたいなオリジナル曲を演奏できるところに出たかったのですが、学校にいる間は、バードランドには、学校はブッキングしない。つまりヒッコリー・ハウスにだけ、ブックされたわけですね。ピアニストとしてはそっちのほうがメリットがある、みたいなことがあって。

ところが、あそこはブロードウェイのミュージカル劇場のすぐ近くだから、マネージャーから「ショー・チューンやれ、ショー・チューンやれ」って言われたんですよ。ブロードウェイ・ショーで演奏されるような曲を。けれども、私はそんなの知らないから弾かなかった。別に習う気もなかったし。

リオニアの家には、ピアノしかなかった

リオニアにはけっこう長くいました。一九五九年にマリアーノと結婚して、ニューヨークに出て、そのときにリオニアですよね。そこにずっといて、一九六三年に娘ができたんで、私としては母がいたほうがいいなっていうことで、日本に戻り――日本には二年ぐらいいたのかな。六五年に彼がリオニアに最初に戻ってきて、私は娘を連れてあとから来ました。

そのときは、どこに行ったのかな。マンハッタンで、アパートを借りたという記憶がないから、やっぱりニュージャージーだったんじゃないかな、と思いますけどね。その辺の記憶が定かじゃないけど、まだ覚えてるのは、そのとき、ディズニー・ワールドがマンハッタンのはずれ、

上のほうにあって、マリアーノがスタン・ケントンのバンドに入って確かテナー吹いてたはずなんですけど、そのケントン・バンドがディズニー・ワールドに出るんで、我々の家主さんと、その子どもと一緒に行った記憶があります。

リオニアには約六年いて、一回引っ越ししてます。最初の家はマリアーノの友だちのレコーディング・プロデューサーが家主でした。それから次の家は、知り合いではないご夫婦が、家を持ってて、そこを借りました。

六〇年代は、ニュージャージーに住んでて、マンハッタンに仕事で通っていました。六五年にマリアーノと別居はしても、私はずっとリオニアです。

ソロ・ピアノを、ファイブ・スポットの親父さんから、たびたび頼まれた。そのときも、私は、まだリオニアで生活していました。「ファースト・ナイト　"First Night"」は、そのとき書いた曲です。あの頃は、うちの娘を、私のすぐ上の姉に預けた時代ですから、で、リオニアの家にはピアノしかなかった。

危険だった、マンハッタンの倉庫街ソーホー

ずっとニュージャージーにいたわけじゃなくて、マリアーノと別居した後の一九六六年、マンハッタンの倉庫街、今、ソーホーと呼ばれているところに引っ越しました。

当時、私が交際していた日本人は、画家の連中だったんですよ。日本人ミュージシャンとの交際はなかった。それで、その画家の連中っていうのは、大きな絵を描いたり、場所が大きくないといけない。それで、倉庫街を借りていました。ソーホーですね。ワンフロア全部です。私はそこを又借りしたわけです。これが、クロスビー・ストリートというところです。クロスビー・ストリート九丁目。ハウストン・ストリートから、ちょこっと南に行ったとこです。で、そこでパーティやったことあるんですよ。そのとき、ルー・タバキンがいました。

ルーと会ったのは、トランペット、クラーク・テリーのバンドです。このバンド、ハーフ・ノートに、毎週末出てたんですね。それで、ピアニストはドン・フリードマンだった。ところが、彼は、クイーンズの、何か、どっかレストランの仕事があって出られない。バンドのマネージャ

ーをしているボブ・メッセンジャーっていう人から「エキストラで来てちょうだい」って電話がきました。それで、行ったときに、吹いていたテナー・サックスがルーでした。そのとき、私は、自分のタウン・ホールのコンサートを企画していました。当時、だからもうすでに、倉庫街に住んでいたんです。

その頃のソーホーは、今とはとても違う、危険な感じでした。トップ・オブ・ザ・ゲートTop of the Gateで、ソロ・ピアノの仕事をもらっていて、歩いて仕事に行くんだけども、帰りは必ず、タクシーで帰ってたんですよ。ところが、ある土曜の夜、トップ・オブ・ザ・ゲートに、いつまで経ってもタクシーが来ない。それで、土曜だから人がたくさんいるし、あんまり待っててもタクシー来ないから、「じゃあ歩こうか」って歩き出しちゃった。自宅までは、歩いてほんの何分ぐらいかの距離なんです。トップ・オブ・ザ・ゲートは、トンプソン・ストリートです。トンプソンの次がハウストン。ハウストンから、半ブロックぐらいですから。それで、トンプソンのもう一つ上が、クロスビーかな。私の足で歩くと一〇分ぐらいかかるんです。歩き出したんですよ。

ところが、クラブの周りは、ギャーギャー人はいるけれども、トンプソンを過ぎ、ハウストン、クロスビー、そのあたりに行くと、人がもういない。それで、うちのすぐ近所で、私は、ハンドバッグの中のキーを、こうやって探して、取ったときに後ろからワッとやられたんです。だから私は、「いいや、あげる "Take it"」って、ハンドバッグを渡しました。キーは持ってて。それで家のほうにワーッと逃げた。

向こうもね、たぶん玄人《くろうと》ではない。ただ、たまたま、女性が暗いところを歩いてるんで、そういう野心を起こしたんですよね。怪我はありませんでした。怪我しないように、すぐハンドバッグをあげて、向こうもそれ持って逃げたし。結局、そういうことをやられるっていうのは、こっちにも理由というか、無理があるんですよね。辛抱強く待って、タクシーに乗っかって帰れば、そういうことはなかったんですから。

こういうことは、もう一回だけありました。ロサンジェルスで、ルーが演奏してるところの後ろに駐車場があって、そこにパークして歩いたときです。歩くといっても、リビングからキッチンぐらいの距離なんです。表通りですが、駐車場までの、その間が暗い。そこで、やっぱりやられた。ロスも恐かったんです。だから、暗いところ歩くっていうのはよくない。一人で歩くっていうのはよくないですね。

「ブラック・イズ・ビューティフル」という激動の時代

ニューヨークでは、いまは地下鉄もほとんど乗らないですが、ロサンジェルスに行く前は、地下鉄もよく乗ってました。ルーはリバーサイド九四丁目のアパート。で、私はグリニッジ・ビレッジ一〇丁目に住んでたので、彼に会いに行くと、電車で帰ってくるわけですよね。だから、夜中に電車で帰ってくるんだけども、特に危険、汚いという感じはなかったです。

ハーレム一二〇何丁目かな、スモールズというクラブがありました。マリアーノと結婚して、ニュージャージーに住んでた六〇年代初めの頃、そこから演奏を頼まれたことが、二回ぐらいあった。そのときは、車で行って、車をあるパーキングで止めて、クラブまで歩くんだけども、歩けるっていうか危険な感じはなかった。でも六〇年代後半、同じクラブから演奏を頼まれたとき、そのときはルーに頼んで一緒に行ってもらいました。マンハッタンの中からタクシーで、そこへ行くわけです。そうすると、帰りにタクシーをつかまえるのに、外に出ると危ない。ああいうクラブは、ドアのところにいわゆる用心棒がいます。だから、クラブの中にいる間は安全、外に出たら危ない。それで、その用心棒にタクシー――流しタクシーですから――をつかまえてもらって、それで帰るという、そういう時代になっていました。六〇年代の頭と終わりで、ハーレムの治安がすごく悪くなったっていうことですね。

六〇年代は激動の時代でした。「ブラック・イズ・ビューティフル」で、アメリカの公民権運動だとか、マーチン・ルーサー・キングが射殺されたりとか、黒人がだんだんだんだん自分たちの主張をするようになったとか、いろいろあったわけです。一九六〇年にニューポート・ジャズ・フェスティバルで暴動（興奮した聴衆が騒ぎ州兵が出動し鎮圧、フェスティバルは中止となった）があったでしょう。あれが変革の始まり、そんな感じですよね。

すべてを捨ててロサンジェルスへ

一九七二年、ニューヨークから西海岸ロサンジェルスに移るときに、それまで持っていた写真とか、いろんなレビューとか、新聞のアーティクル（記事）とか、そういうのを全部処分しました。というのは、私は、もうジャズをやめようっていう頭があったんです。ちょっと繰り返しになるけども、別に私は、ジャズの歴史に貢献を一つもしなかったし、革命も起こしてないから、私がやめたって、別にジャズの世界は何てことないから、やめようと思って。それで、みんな捨てちゃいました。

それで、やめようとしたら、ルーが「いや、やめないほうがいいよ」と。彼は、「別に外に行って仕事しようというんじゃなしに、ジャズは君の体の一部だから、うちで弾いてればいい」って言う。「やめないほうがいいよ」って彼が言ったんですよね。

秋吉敏子とルー・タバキン（中央2人）。写真右には、世界的ベーシスト、ロン・カーター。ミュージシャン同士が集ったときのスナップ写真（1970年撮影）

それと同時に、ロスに移った年に、ジョン・ルイスから、モンタレー・ジャズ・フェスティバルの出演の依頼――ピアノ・プレイヤー・ハウスという四人のピアニストが競演するもの――が来て。

だから、こういうふうに、いくつかのことが偶然にも「ジャズをやめないで」といったみたいでした。雑誌の記事とか写真は処分したけども、自分の音楽の楽譜とか、そういうのはロスに持って行ったと思います。捨てたのは、そういう宣伝用のものです。

ストリービルでの共演者たち

秋吉は一九五六年にボストンのバークリー音楽院に留学後、直《ただ》ちにボストンのジャズ・クラブ「ストリービル」に元スタン・ケントンのバンドにいたアルト・サックス奏者ブーツ・ムッセリとのカルテットで出演するようになった。当時一晩で出演するグループは二つ。彼女は自分のカルテット演奏を終えると、次のグループを聴き、場合によってはピアノに座り共演（シッティング・イン）することもしばしばあった。

今は亡き巨匠たち

シッティング・インしたのは、マックス・ローチ＝クリフォード・ブラウン・クインテット、マイルス・デイビス・クインテット、デューク・エリントン・オーケストラ、チコ・ハミルトンのバンドなどです。カウント・ベイシーのバンドには座ったことないですね。

●デューク・エリントン・オーケストラ

あの頃はビッグ・バンドも、クラブに一週間とか二週間とか、出演してた時代です。今では考えられない。デュークのバンド、デューク・エリントン・オーケストラも二回ぐらい、私がボストンにいる間に来てますよ。五六年から五九年の間ってことですよね。

●マックス・ローチ＝クリフォード・ブラウン・クインテット

そのとき、ピアノはリッチー・パウエル、バド・パウエルの弟です。それで、クリフォード・ブラウンは、リッチー・パウエルと一緒に、自動車事故で亡くなったのですけども。あのときはそう、事故に遭うほんの数カ月前ですよね。

マックス・ローチっていう人は、最初の一曲をものすごく速く叩《たた》くんですよ。それで、いつの演奏だったか覚えてないけど、ジョイマスターっていったと思うけども、ボストンに住んでるピアニストが、バンドのサブでいた。なぜサブ・ピアニストがいたのかは、よくわからない。たぶんリッチー・パウエルがいたりいなかったりしたから。それでマックスが、いちばん初めにものすごく速いのをやるので、そのピアニストが弾きたくないらしく、私に「君、やんないか、ちょっと速いよ」って言って、私が「オーケイ」っていうわけで、勢いでギャーッとやりました。マックスは何か理由があって速いのから始めるのか、それで、だんだん遅いテンポの曲にするのか、そのへんはわかりませんけどね。

マックスっていう人は、非常にスカラータイプ。学校の先生的な研究するタイプ。いわゆるアート・ブレイキーとは正反対のところにいるわけですよ。だから、アレンジメントを好む。で、ほとんどのアレンジメントは、クリフォード・ブラウンがしてたみたいですけどね。だから、クリフォード・ブラウンとマックス・ローチっていうのは、非常に近しかった。マックスがクリフォード・ブラウンのことを、ものすごく頼りにしてて。だから、彼が自動車事故で亡くなったときは、マックスは少しおかしくなった。

●マイルス・デイビス・クインテット

一九五〇年代のマイルスのグループっていうのは、どちらかというとアレンジメントっていうのはない。オープンで自由な感じです。サイド・マンでいちばん有名なのが、テナーのジョン・コルトレーンですけれど。その前にしばらくソニー・ロリンズがいたこともあるんです。けれども、もう延々とソロをする。キャノンボール・アダレイは、マイルスのグループに入っても入る前と同じような感じでしたよね。コルトレーンは当時は、あんまり上手くなかった。何か、発展途上というか。彼は、音色もどっちかというと、レスター・ヤング系統の人ですから。

それで、みんなが知ってる凄いコルトレーンっていうのは、その二年ぐらいあとになります。ニューヨークのバードランド、あそこは、オスカー・グッドスタインっていう人がマネージャーで、私をよくトリオで雇ってくれたんです。バンドルーム（控《ひか》え室）っていう、鰻《うなぎ》の寝床みたいなのがあるんですよ。そこで、一晩にふたつのグループが出ると演奏してない反対のグループはそこで休むわけなんです。で、一度マイルスのグループといっしょになったときは、コルトレーンは吹いていないときでも、ステージでマイルスと一緒にいる。そうするとキャノンボールは、バンドルームに行って、練習してるわけですね。そうすると、私はいるところがなかったです。

チャーリー・ミンガスのメンバーになる

一九六二年、秋吉はチャーリー・ミンガスのグループに加入した。彼女の長いジャズ人生の中での、ただ一度のサイド・ウーマン、つまり自分がリーダーではないバンドのメンバーとなった。

チャーリー・ミンガスは一九二二年生まれのモダン・ジャズ史を代表するベーシスト、作曲家。一九五〇年代にチャーリー・パーカーやディジー・ガレスピーと共演し、プレイヤーとして名を高めた。一九五六年「直立猿人」を発表、作曲家としても注目を集める。一九五九年には人種差別問題を取り上げた曲「フォーバス知事の寓話《ぐうわ》」が大きな話題となる。以来、バンド・リーダー、ベーシスト、作曲家として活躍、また人種問題など社会的な発言も積極的に行なう。一九七九年没。

ミンガスは、この一言を聞くために私を訪ねてきた

いちばん初めにミンガスに会ったのは、まだボストンのバークリー音楽院にいたときです。ニューヨークのヒッコリー・ハウスで演奏していたとき、彼が「話がある」と訪ねて来たんです。

ニューヨークのジャズ・ミュージシャンだったら、誰がどこに出ているという情報はすぐ伝わります。ミンガスもそれでヒッコリーに私を訪ねて来たみたいです。

まだ私は学生だったので周りからいろいろなアドバイスを受けていましたが、ミンガスは「黒人のミュージシャンと交流しちゃいけないとか、そんなことを言われなかったか?」と私に聞きに来たのです。これがいちばん最初のミンガスとの出会いです。

だけど、そのずっとあとになって、ニューヨークに出てきたときに、ミンガスが、チャーリー・マリアーノをレコーディングに雇ったりと、何かそういう縁はありました。

「君の新しい名前は、僕のグループにとって重要なんだ」

その後一九六二年、ファイブ・スポットから声がかかって、そこでピアノを弾いてるときに、ミンガスから彼のグループ加入を誘われました。

彼みたいなビッグ・ネームだから、私に「君のためになるよ "It's good for you"」って言って誘ってもよさそうなものですが、そうじゃなく、「君はまだ知られていないけど、新しい名前は僕のグループにとって重要なんだ。"Your name is new. New name is very important, asset for the group"」って、彼は私にそう言ったんですよ。すごくそれが、何ていうかな、印象に残って。ミンガス、彼は強面《こわもて》なところと気遣いするところの両面あるんですよね。

考えたら、あれぐらいのビッグ・ネームの人が、私をグループに誘うのに、「(僕のグループのメンバーになることは)君のためになるよ」って言ったとしても、実際にためになったんだし。ミンガスのとこにいたっていうおかげで、私はフランス、パリのブルーノートに雇われたりしましたから。けれども、彼は「新しい名前は僕のグループにとって重要なんだ。"New name is very, important, asset for the group"」っておっしゃって。そういう、何ていうかな、正直っていうのも変な言い方ですけどね、そういう率直な面が、彼にはあったんですよね。

それで、一九六二年六月にミンガスのグループに入りました。彼のグループでニューポート・ジャズ・フェスティバルに出たのもその年です。

譜面を使わないリハーサル

実際にミンガス・グループに入って演奏するのに、リハーサルは譜面を見てやるのではなく、ミンガスが歌うっていうか、ワーッて言って、それをメンバーみんなでワーッて唱和して、それで演奏をして音楽を作っていくやり方です。彼は一三五丁目の五番街にアパート持ってて、そこで我々は練習しました。ピアノも置いてありました。アップライトか、それより小さいスピネット・ピアノだったかもわかんない。

それで、最初のときは確か、トランペットはリチャード・ウィリアムス、テナー・サックスはブッカー・アーヴィンだったかしら、ミンガスが「トランペットはこうやれ」って歌うわけです。それをトランペットが演奏する。そういう譜面を使わない練習の仕方でした。クインテットではあれが、いちばん理想的な練習ですよね。譜面っていうのは、ワンクッション通してですからね。ただビッグ・バンドはそうはいかないから、やっぱり譜面が必要です。ピアノは、コードの書いた譜面はありました、もちろん、彼の代表曲「フォーバス知事の寓話」とかもやりました。それから「ドント・ビー・アフレイド・オブ・クラウン」も。あの曲は一五小節なんですよ。ちょっと珍しい。

実際にライブがあると、たとえば、アンサンブルがうまくいかないと、途中で止めて初めからやったりとか。あるいは、客席にうるさい客がいると、その客と口論して、変な、険悪な雰囲気になったとかっていうことがありました。

練習した曲が演奏されなかったステージ

フィラデルフィアにペップスっていう、大きなクラブがありました。それまで、私がフィラデルフィアで自分のグループで出たのはちっちゃいクラブでした。フィラデルフィアには四つぐらいクラブがあったのですが、ペップスっていうのは非常に大きなクラブで、そこには、私は出たことなかったんですよ。ミンガスに入ってから初めてそこに出ました。

そのときに、カウント・ベイシーのビッグ・バンドがフィラデルフィアに来るという情報が入った。それでミンガス、「ベイシーのバンドが来るから負けていられない」っていうわけで、練習ですよ。夜まで練習。トロンボーンも入って三管でワーッと練習。何の曲を練習したか、ちょっと覚えてないですけどね。練習して、それで、実際の演奏の日にステージに立ったのですが、練習した曲は一切何にもやらなかった。ステージで、ミンガスが「この曲」とか言って、また「これやろう」となって、練習した曲とは違う曲ばかりをやりました。結局、練習した曲は何にもやんなかったんですよ。

まあ、メンバーは皆そんな経験初めてっていうわけじゃなくて、皆ミンガスのことをよく知っているわけです。そのときだけトロンボーンが入って三管だったけど、でも、前にいた人だったので、何の問題もなかったです。

モダン・ジャズ史を代表するベーシストであり、作曲家であるチャーリー・ミンガスと。秋吉がミンガスのグループに入った1962年頃の撮影

「I'm yellow」

一九六〇年代のチャーリー・ミンガスのグループというのは、メンバーは全員黒人、それもみんな、いかつい顔つきの人ばかり。そんな恐そうな人たちが必死の形相《ぎょうそう》でミンガスの音楽に取り組んでいる中、秋吉がミンガス・グループに入って、違和感はなかったのだろうか。

たとえばミンガスに対して「もっといい黒人のピアノがいるのに、なんでトシコを、東洋の女性をピアニストにしたのか」とか、そういうプレッシャーみたいなものは、なかったのだろうか？　なぜ、秋吉敏子はミンガス・グループに入ったのか？

「私はホワイトじゃなくイエローです」

違和感とか、そういう差別的なものは、全然なかったです。

ただ、おもしろいのは、これ、プレッシャーとは関係ないけども、当時、フィラデルフィアのユニオンは、白人用のユニオンと、黒人用のユニオンっていうのがあったんですね。それで、自分が属してないユニオン——たとえばミンガスや私は、ニューヨークのユニオン八〇二という白人以外が所属するユニオンに属したわけ。それで、たとえばフィラデルフィアで演奏すると——つまり、ニューヨーク以外のとこで演奏すると、そこ（フィラデルフィア）のユニオンから——これもう、たぶんね、昔のマフィア時代の名残《なご》りじゃないかと思うけど、「お金を払え」って言ってくるわけですよ。そこのユニオンに、ワークデューっていう、つまり、働き代ですね。まあ、マフィア時代からあった場所貸し代みたいなものです。「それを払え」ってくるわけです。ニューヨークから行くと、そこの地元のユニオンに払わないといけないわけですね。

ミンガスはそれまで、ほとんどみんな黒人のミュージシャンしか使っていなかった。私が入る前に、チャーリー・マリアーノ——彼はイタリア系白人、を雇ったときは、レコーディングだけだったので地方のツアーには出てなかったような気がする。それで、ミンガスは私のとこに来て、「話がある」って言うわけですよ。「実は、ここのホワイト・ユニオンから、私がグループに入ってるから、『デューを払え』って言ってきてる」って、彼は私に言うんですね。

だから、私は「私はホワイトじゃなくイエローです。“Well, I'm not white. I'm yellow”って、「イエロー・ユニオンがあったら払えば。“If you have yellow union, You will have to pay”」って

言ったら、彼、すごく喜んじゃってね。聴きに来ていたお客さんに、「ホワイト・ユニオンから払えって言ってきてるけども、彼女はイエローだから、イエロー・ユニオンがあれば払う」って言って。そういうことがありました。

あのときはもうすでに、ニューヨークのユニオンは、白人と黒人が一つになってたけども、フィラデルフィアはまだ別々で二つだった。私が一九五六年にボストンに行った頃は、まだボストンもホワイト・ユニオン、ブラック・ユニオンっていうのが分かれてたんですよね。

当時の黒人のミュージシャンの中では、マイルスなり、ミンガスなり、アート・ブレイキーなんか、自分のグループに白人とかのミュージシャンを入れると、多少そういう否定的なことを言われる、それはあったかもわかんないですね。そういうことが、みんなじゃないとは思うけど、やっぱり何人かの、あるパーセンテージの黒人のプレイヤーは、そういう考えがあったかもわからない。ただ、少なくとも、ミンガスも私も、まったくそういうこと、なかったというか、気にしなかったですね。

黒人でないと雇ってもらえない時代

だいたい、黒人ミュージシャンが黒人を意識するようになったっていうのが、やっぱり六〇年代ですよね。ブロードウェイっていうところは、いわゆるミュージカル音楽を演奏するピット・オーケストラがありますね。そこは黒人を雇わなかったんですよ。それを、三人は雇わなきゃいけないっていう、そういうルールができた。NBCという放送局は、NBCオーケストラっていうのを持ってたわけです。その中で、トランペットのクラーク・テリーがいちばん最初の黒人のメンバー。それまで白人のプレイヤーばっかりだったんです。

ですから、先ほどもお話ししましたが、六〇年代になって、ニューポート・ジャズ・フェスティバルで騒動が起きたでしょう。あれもこの時代の象徴の一つですね。ある意味でアメリカは、国内の革命が起きた時代ですから、ジャズの世界でも、黒人でないと雇ってくれないという、そういう風潮も六〇年代のお終《しま》いのほうになると、ありました。そういう感じでした。

いわゆる「ブラック・イズ・ビューティフル」です。マーチン・ルーサー・キング牧師、公民権運動の指導者で人種差別撤廃運動のリーダーが出てきて。スポーツの世界からも他の、たとえば映画の世界も、黒人のスターが出てくる中で、ジャズの世界でも、黒人がそういうこと意識したっていうことですね。黒人優勢の風潮が出回って、白人ジャズ・プレイヤーは雇ってくれる場所が非常に少なくなっていました。

それで、結局、白人なんか雇ってくれなくなって、そのときはすでに私はルー・タバキンと一緒でした。彼もまたニューヨークではジャズを演奏する仕事がなくなってきて、まだロサンジェルスのほうが、仕事をするチャンスがあるような感じで、それでロスに移ったわけですよ、ある意味ではね。

実際の理由としては、ルーが入っていたドク・セバリンセンのバンドの、メインの仕事だったトゥナイト・ショーが、ニューヨークからロサンジェスルに移ったということがあった。ルーは最初は移る気なかったんだけれども、ニューヨークがそういう状態だったので結局移ることになったのです。

だから、六〇年代後半のアメリカはそういう時代。私としては、ロサンジェルスに移ったときがそういう時代でした。

人生にはタイミングというものがある

私は、ほんとのこと言って、ロサンジェルスに移ったときにはもうジャズをやめようかなと思っていました。先ほども触れましたが、何か、意味がないような気がして。黒人でもない、アメリカ人でもなくって、ジャズというものに対して、ジャズという世界に対して、別に私は、革命も起こしてないから。

ところがやめようと思ったら、ロサンジェルスに移った年に、ピアノのジョン・ルイスからお声がかかって、モンタレー・ジャズ・フェスティバルに出演となったわけです。それまで出たことなかったんですよ、カリフォルニアでね。だから、何ていうかな、偶然。

偶然っていうと——私が考えるのに、人生にはタイミングというのがあるのですね。やっぱり仏様はね、「やめないでいきなさいよ」って言ったんだろうと思うのです。

ワイルドでカラフルなミンガス・グループ

ミンガスのことに戻りますけどもね。彼の音楽って、すごくワイルドっていうか、一人ひとりのミュージシャンの個性も強いしね。カラフル。そう、割と、はみ出たような感じの部分もいっぱいあって。でもね、すごくデューク・エリントンの影響受けてる。そういう感じもしますよね。

私はこれまでどちらかというと、ミンガスはきちっとした感じの音楽を作っているようなイメージがあったのですが、ミンガスのグループに入ったら、そういう口伝えの練習で、ワーワー、ギャーギャーギャーの音楽をやるわけです。違和感みたいなものとか、あるいは、逆にそういうところから私が音楽的に吸収したこととかあるのかな。そう、吸収したのは確かですけど、具体的にとなるとちょっと考える。

ただ、ミンガスのグループでピアノを弾き、ミンガスの音楽をやることに、戸惑いみたいなのは全然なかった。特に、「イザベル・テーブルダンス」っていう曲があるでしょう。あれは、ピアノをものすごく面白いように弾いてくれ、って言われたことが印象に残っています。まあ、どっちにしろ、違和感っていうのはなかったですね。

ミンガスの異色作「タウン・ホール・コンサート」

一九六二年一〇月一二日、ミンガスはニューヨーク、タウン・ホールでコンサートを開いた。秋吉はピアニストとして参加。その録音「タウン・ホール・コンサート」は現在、秋吉敏子がミンガス・グループで残した唯一の記録となっている。

ミンガスのグループを辞める

私がミンガスのグループを辞めるとき、ミンガスが「なぜ辞める?」って聞くので、「いや、私なんか、あなたの音楽をちゃんと演奏できていない、グループに役に立ってないような気がするから」と答えたら、彼は「いや、そんなことない」と言っていました。

ミンガスのグループに入ってしばらく経ってから、彼は非常にメンバーに辛《つら》く当たるところがありました。みんな囚人のように何か縮こまっているみたいな雰囲気になっていたんです。そういう雰囲気を私も感じていました。それがないのがドラマー、ダニー・リッチモンドでした。でも、彼は麻薬の前歴があるから、フィラデルフィアで演奏できなかったんですよ。それでミンガスは他のドラマーを雇う。そうすると、ミンガスはダニーと夫婦みたいなもんですからね、で、彼がいないんで、また不満なんでしょう。ギャーギャー、ギャーギャーと。私はそういう中にいるのが嫌で、辞めたわけですね。

ダブル・キャストだった「タウン・ホール・コンサート」

辞めたときに、ピアノのジャッキー・バイアードが入ってきました。ちょうどその頃、私がファイブ・スポットに出演してたときに、ミンガスから電話がかかってきて「また入らないか」と誘われました。「今度、タウン・ホールでレコーディングがあるから」と。

それで、また私が入って、レコーディング時には、本当は最初はピアノは私一人だったのですが、ジャッキー・バイアードが入って二人になりました。ミンガスは、道で知り合いのミュージシャンに会うと「レコーディングがあるから参加しろよ」みたいなことを言って、だんだんメンバーが増えていた。みんなダブル・キャストですよ。ギターも二人とかね。ワーッと、集まっていた。それが「タウン・ホール・コンサート」です。

ミンガスにいたときの、唯一残ってる記録というのが、その「タウン・ホール・コンサート」のレコーディングです。私のソロは、「言い出しかねて "I Can't Get Started With You"」、これはCDアルバムには入ってないようです。ただ、いまそのCDを聴き直すと「マイ・サーチ」のソロは私かもわかんないですね。ミンガスのところにいたときの私のプレイというのは、みんなが思っているのとはちょっと違うプレイでしたから。

タウン・ホールでの初のソロ・コンサート

一九六六年、秋吉はなかなか仕事にめぐまれず厳しい生活をしていた。そこで彼女はホールで自主コンサートをやり、持っているものをすべて出そうと決心した。ホテルのラウンジでのピアノ弾きで資金を集めながら、日本の企業にチケットを売り、新しくビッグ・バンドの曲を書き下ろし、と一年かけて準備した。残念ながらこのコンサートの記録は残ってないが、ビッグ・バンドの曲は、一九七三年にスタートした秋吉敏子＝ルー・タバキン・ビッグ・バンドの最初の重要なレパートリーとなった。

一年がかりで準備した、初のソロ・コンサート

一九六七年に、マンハッタンのタウン・ホールでコンサートをやりました。六六年に行なうつもりだったのですが、いろいろな準備のために、結局六七年の秋になってしまったのです。コンサートは一部はソロ、二部はトリオ、休憩後の三部はビッグ・バンドという構成でした。

一部では舞踏家、花柳寿々紫《はなやぎすずし》さんから借りた着物、二部の衣装は、私の両親のお友だちの娘さんで、当時、ニューヨークのマンハッタンから出たところにあるリバデールに住んでいた石原《いしはら》さんの千恵子《ちえこ》人にドレスを作ってもらいました。

このコンサートは一年がかりで準備したのですが、当時のニューヨーク市長ジョン・リンゼイが、そのコンサートの二、三カ月ぐらい前に、そのコンサート開催日をニューヨークのジャズの日、ジャズ・デーと決めたのです。そしてリンカーン・センターで、ジャズ関係者を招待したブラック・タイ（正装）の記念コンサートがあって、みんなそこへ行ったんですよ。よりによって、同じ日に。だから運が悪かったという感じでした。

「一度に全部を与えてはいけないよ」とミンガスは言った

でもそんな中、チャーリー・ミンガスは私のコンサートを聴きに来てくれて「僕は君が天才だと思うよ」と、すごく誉めてくれました。

ただ、私がわからないのは、そのときにミンガスから言われた、「一度に全部、聴衆に与えてはいけないよ」の意味でした。私、それ、どういう意味かなって思って。たぶん、私に余裕がないっていう意味かな、なんて考えていました。その言葉の意味が、どういうことかっていうのは、いまだわからないですけどね。

マイルス・デイビスの本とかを読むと、やっぱり自分のバンドの若いソリストが一所懸命吹いたり、ギター弾きまくったりするのを見て、彼は「お前、そんないっぺんに全部の、自分のできること見せる必要ないんだ」「もっと小出しにして、もっとスペースを使って、もっともっと少ない音で、そんな、『あれもできます、これもできます』ってやる必要ないんだよ」と助言した、みたいなことが書いてあります。たぶん、同じことかな。余裕がないっていう意味かもしれませんね。

ソロからトリオからビッグ・バンドから、そのときに私ができることをすべて出しちゃったので「そこまでやんなくてもいいんだよ」っていうようなことかも。だから、余裕とかじゃなくて、「サービスしすぎちゃったんじゃないの?」っていうようなことなんじゃないかなと思います。

増えなかった仕事

それで、このコンサートが終わって、結構、私、もう力が抜けちゃって。で、しばらく、二、三日、お酒を飲み歩いた。やはり、一年かかって準備して、初めてのコンサートですから。猛烈に興奮しちゃって。それまで、私は飲まない人間でしたが、そのときは、とにかく、むやみやたらと三日間飲んでいた。それは覚えています。

そのコンサートの反響はすごく良かったです。ジョン・ウィルソンという、「ニューヨーク・タイムズ」の批評家が、大変にいい評を書いてくれてた。けども、別に仕事は増えなかったですよ。増えるだろうと思って、一所懸命になってやったんだけども、増えなかった。だから結局、関係ないんですね。私がいろんなところで「こんなのどこがいいんだろう」なんて思うプレイヤーを目にするけど、彼ら、むやみやたらと忙しいわけでしょう。だから、我々の世界っていうのは、そういうもんですよね。

その当時、六〇年代のニューヨークというのは、たとえば、今みたいに、日本の駐在員とか、日本から来てこちらで生活してる人って、全然多くなかった。その数少ない日本人同士のつながりも、そんなになかったです。でも、今ではニューヨークの老舗《しにせ》になった「レストラン日本」はその頃からありました。そのオーナー、倉岡伸斤《くらおかのぶよし》さんの口添えで、当時の副領事、橘《たちばな》さんご夫妻にお墨付きをいただいたのです。それで、いろんなところを回って切符を買ってもらいました。倉岡さんは、もちろんご夫婦でコンサートにいらしてくださったけれども、彼が、助言っていうのかな「こうしたらいいですよ」みたいな調子で、切符の売り方を教えてくれました。

ただ、当時は、日本の会社は駐在所しかない時代です。実際にコマーシャルな仕事をしてたのは、富士《ふじ》銀行だけ。当時の富士銀行は、天皇陛下や総理大臣がお泊まりになる、パーク・アベニューのウォルドーフ・アストリア・ホテル、そこの一階にありました。ですから、今みたいに、日本人がワーッといるわけじゃなくて、ほとんどみんな小さなオフィスばかりで人も少ない。切符を二枚ここで買っていただいたり、あそこで三、五枚買っていただいたりって、そういう感じでした。もしかすると、駐在員の人、会社じゃなく自分のポケットから買ってくださったのかもわかんないですけど。

ジャパン・ソサエティも、五枚ぐらいしか買ってくれなかったです。アメリカだと、必ず二枚、四枚とかっていう偶数ですよね。日本は、割に昔からの習慣で、一人で来るとか、そういうことがありますから、奇数の三枚を買ってくれたりとか、そんな感じで、あちこち回りました。朝から晩までマンハッタンの中だけでも、一日に三カ所回ると、日が暮れちゃうんです。地下鉄に乗って、お願いして回って。そのときに切符を一枚も買ってくれなかったのがホンダ。だから、私は今でもホンダのものは何も買わない。当時、切符は一枚五ドルぐらいのものです。

タウン・ホールは、客席数一五〇〇席のところです。倉岡さんのお知り合いのある会社の社長なんかが来てて、出演者ビッグ・バンドでしょう、「人数が多いな、あれ、半分ぐらいにならないのかな」って言ってたそうです。もう社長の目ですね。

それで、六〇年代に入り、ロサンジェルスでビッグ・バンドのコンサートしたとき、そのときは、日本の景気が大分良くなってアメリカにも企業が競うように進出していました。たとえば自動車の会社。大きなビルがあって、切符を五〇枚ポンと買ってくれて。そしたら、次に行ったトヨタが「いや、あそこが買うんだったら、うちも五〇枚買う」なんて言って、そういう時代だったです。もう、景気が良くなって、だいたい自社ビルがあるぐらいでしたから。

第五章

ロング・イエロー・ロード

——終わりのない旅

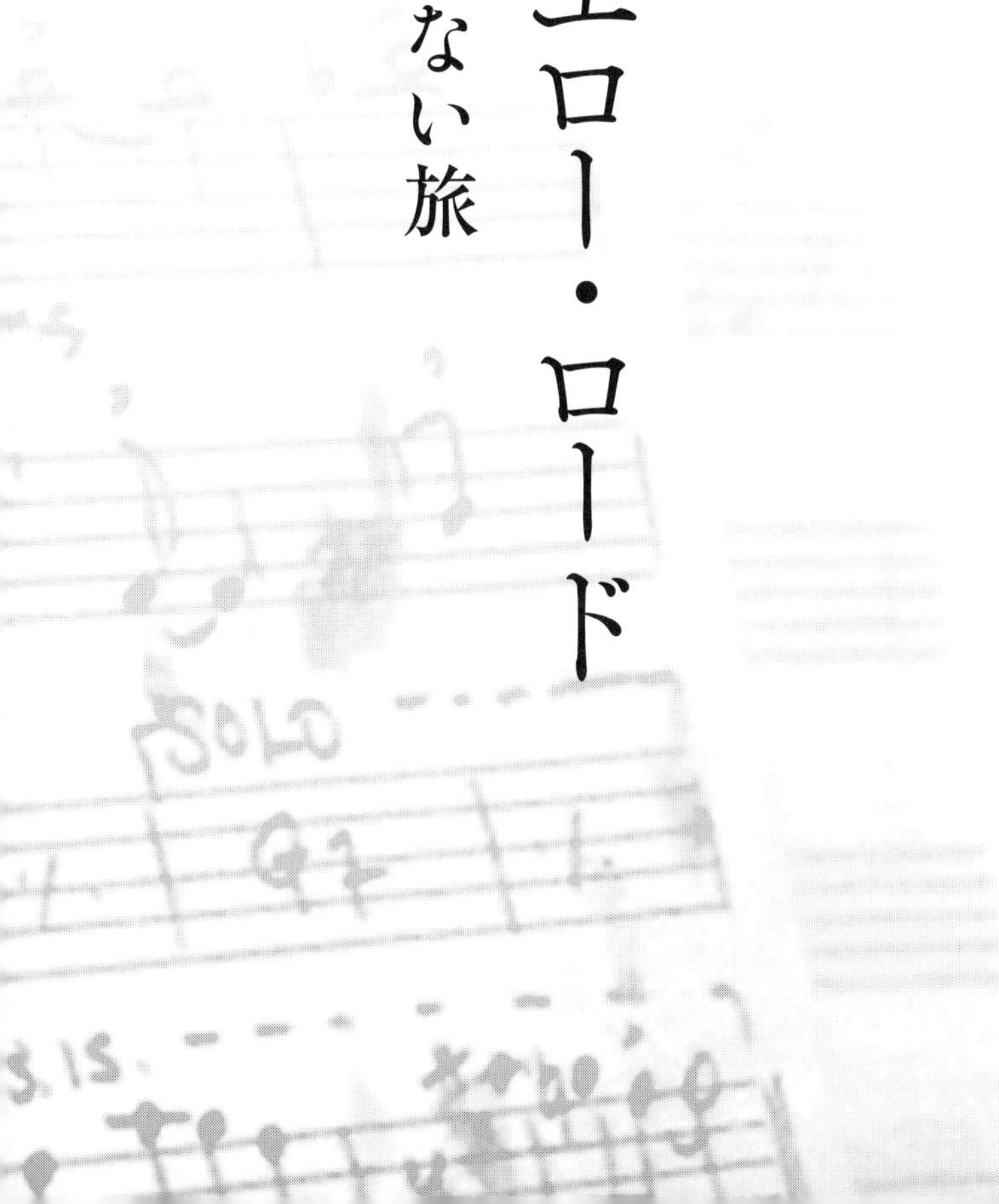

自分という音楽家は、
終わりのない旅をしている
ようなもの。

三つの曲につけた「イエロー」

「ロング・イエロー・ロード」は秋吉敏子の代表曲。一九六〇年に録音され、以来今日に至るまで五七年にもわたって演奏し続けている。特に、彼女の日本のコンサートでは、オープニングに必ず演奏し、「この曲は私のテーマ・ソングで、これを聴かないと秋吉を聴いた気がしない、と言われるので、必ず一曲目に演奏するようにしています」とアナウンスする。レコード、CDを通して録音回数も最多を誇る。

このタイトル「ロング・イエロー・ロード」について、秋吉はこれまでに次のような思いを述べている。「一九六〇年、ニューヨークに出てこれからジャズ・ミュージシャンの道を進む。黄色人種の私にとってこれは長い道のりになるな」。そして生まれ故郷、満州・遼陽で目にした通学路を思い浮かべ、「道はそれからも続いていたのだが、私はその先に行ったことはなく、子どもだった私の世界はここで終わっていた」とも回想する。一九六〇年に発表したこの曲は、一生をかけてジャズの道を歩いていく彼女の決意表明である。

プログラムに記した「ロング・イエロー・ロード」の説明

「ロング・イエロー・ロード」の入っている、アルバム「トシコ＝マリアーノ・カルテット」は、チャーリー・マリアーノとグループを作ってニューヨークで活動する直前に録音しました。レコーディングをレコード会社、キャンディドが申し込んでくださって。それで、アルバムの半分の曲はマリアーノの担当、もう半分の曲は私の担当で作りました。「ロング・イエロー・ロード」は、そのときに書いた曲です。このアルバムが、アメリカで出れば、それが名刺代わりになり音楽活動が広がっていくかと思いましたが、そうでもなかった。名刺代わりになったかどうかは、わからないですね。

一九六一年に、五年ぶりに、渡米後初めて日本に帰ったときは、日本では、まだ「トシコ＝マリアーノ・カルテット」は、発売されていませんでした。神原《かんばら》音楽事務所が呼んでくださったんだけども、我々は、よく知られているスタンダード・ジャズは演奏しなかったんです。それでプログラムに「ロング・イエロー・ロード」っていうのはどういう曲か、説明を書いたのです。

『ロング・イエロー・ロード』っていうのはこういうあれでできました」みたいな調子で。
神原さんは、本当言って、我々に、たとえば「A列車で行こう」とか、そういう有名なスタンダード曲を演奏してもらいたかったんだけど、こっちは自分たちのものしか演奏しない。だから、二回目だったかな、それも、ずっとずっとあとになって、神原さんの事務所が大きくなって、日本公演を申し込まれたときには、スタンダードを演奏するのが条件だったのだけれど、私は「すんません」と断わったんですね。これもう、ロスに移ったあとの一九七四年頃の話ですけど。

「ブラック・イズ・ビューティフル」に対抗した
「イエロー・イズ・メロウ」
「ロング・イエロー・ロード」の他に、タイトルに「イエロー」がついているのが、あと二曲あります。
一九七七年の「イエロー・イズ・メロウ"Yellow is mellow"」。これは七〇年代にアメリカで流《は》行《や》ったブラック・イズ・ビューティフル“Black is beautiful”っていう言葉――黒人のイメージを高くするためにそういうスローガンが大々的に喧伝されていたんですけれど、私はその言葉に対抗して「イエロー・イズ・メロウ」という曲を作りました。曲調がメランコリーでしょう。メローですから、穏やかに。

一九八〇年の「シェイズ・オブ・イエロー“Shades of yellow”」は、ちょっとラテンの南国風なリズムを使っています。「イエロー」って一言でいっても、いろんな「イエロー」がいるわけですから。韓国人もいれば、中国人もいますし。我々、日本人もいるし、という。で、もちろん沖縄の「イエロー」もいるし、って、そういうことです。

「ヒロシマ」に託した思い

「ヒロシマ—そして終焉《しゅうえん》から」は広島の曹洞《そうとう》宗善正寺《ぜんしょうじ》の住職、中川元氏から委嘱《いしょく》を受けた作品だ。中川氏はジャズ愛好家として広く知られた存在で、自らジャズのコンサートを主催したりジャズ・アルバム制作のスポンサーとなったりと、ジャズの発展に貢献している。

中川氏は、秋吉敏子のコンサートも定期的に開催している。被爆者を親に持つ中川氏は、二十一世紀には核兵器が絶対に使用されることのないことを願い、秋吉に曲を書いてほしいと依頼、二〇〇一年八月六日、広島原爆の日に旧広島厚生年金会館で初演された。曲は三楽章からなる四〇分超の大作である。

犠牲となった方々を思う

「ヒロシマ」の第二楽章では、子どもの朗読のバックで、韓国の民族楽器の笛が鳴っています。演奏したのは元長賢《ウォンチャンヒョン》。広島に原爆が落ちたとき、実はあのとき、朝鮮半島からも強制労働者がたくさん広島にいました。また、中国からも来ていたらしいけれども、皆日本で働いていて、彼らの多くも被爆しました。犠牲者は日本人だけではありません。ですから、韓国の笛を入れたわけです。

私は委嘱を受けてから、日本に帰るたびに、なるべく広島に行くようにしてたんですね。そして、広島では必ず二日滞在すると決めていた。というのは、丸一日、平和公園にいるようにしていたのです。それで、何回目かに行ったときに、公園の中にある韓国人犠牲者の碑に気がついたんです。

広島では、アメリカ兵も被爆しました。この間、ジャパン・ソサエティで、このことに関するドキュメンタリーのフィルム（「ペーパー・ランタン（灯籠《とうろう》流し）」）の上映会がありました。アマチュアの日本人歴史家、森重昭《もりしげあき》さんの活動を追った作品だったのですが、この方、足が悪くなってなかなか動けない。私よりも、見た感じはお若いような印象でしたが、少なくとも七〇歳ぐらいにはなってらっしゃると思うんですよ。彼が、広島での被爆者の中に、捕虜で入ってて被爆したアメリカ人がいたんじゃないかって調べるわけです。それで、アメリカ兵の被爆者が一二人いるわけなんだけれども、彼はアメリカのどこの誰っていうのを一所懸命になって調べたんです。日本人っていうのは凝《こ》り性だから、調べ始めると、ワーッていう調子で、名前を全部調べ、親族の人に伝えたんです。もちろん、今はもう、その親族の人というのは、見た感じでは六〇歳ぐらい。その親族の女性と、男性、両名とも広島にいらした。そういうドキュメンタリーでした。

二〇一六年、オバマ大統領が、現職大統領では初めて被爆地・広島を訪れ、スピーチを行ないました。このとき言葉を交わされた方の一人が、この映画の森重昭さんでした。

「ヒロシマ」で子どもが朗読をするテキストは、最初、ノーベル文学賞を受賞された大《おお》江《え》健《けん》三郎《ざぶろう》さんに頼んだのです。そしたら、断わられたの。でも、悪い断わり方じゃなかったですけどね。

それで考えて、日本に帰るたびに広島に行くでしょう。その広島の平和記念館の中に、「母の日記」というのがあるんですよ。読んでみて、この中から引用しようと思って許可を得て借り出しました。たとえば、「子どもが、出かけましたが帰っては来ませんでした」といったテキストは、すべて母親の日記から引用したんですね。ある意味では、結果的には「母の日記」からの引用にしてよかったと思います。

どんな状況であっても平和を願う――「ホープ」

秋吉の代表曲、「ホープ」。この曲は、前項で取り上げた「ヒロシマ―そして終焉から」の最終楽章の曲である。第二章でも触れたが、この部分だけが「ヒロシマ」から独立して演奏されることが多い曲でもある。「ホープ」に対する思いを聞いた。

一人歩きした曲

二〇〇一年の八月六日に広島で初演した「ヒロシマ―そして終焉から」は三楽章からなるジャズ・オーケストラの曲ですが、その最終楽章エピローグに「ホープ」というタイトルの曲があります。これは我々人類が、どんな状況であっても平和を願う、平和を希望します、という願いをこめて作曲しました。

二〇〇一年のこの初演を終えてニューヨークに戻ると、すぐ九月一一日に同時多発テロ、いわゆるナイン・イレブンが起こりました。以来、私はコンサートの最後に必ず「ホープ」を演奏することに決めました。それはジャズ・オーケストラ、ピアノ・トリオ、あるいはソロのコンサートでも同じです。世界中でもう何十回、何百回と演奏しているので、私のコンサートに来てくださる方にとっては、もう耳馴染《なじ》みの曲かと思います。

プロデューサーの天野静子《あまのしずこ》さんが詩人の谷川俊太郎《たにかわしゅんたろう》さんに作詞を依頼し、娘の満ちるが歌うCDもできました。ニューヨークにある子どもたちの合唱団もこの曲をレパートリーにしてオーストラリアや日本でもコンサートで歌ってくれています。歌詞がついたので、この部分だけ「ヒロシマ」から一人歩きして、私としては「ヒロシマ」とは関係ないものになった気もします。

作曲家として、自分の書いた曲の一部が、私の離れたところで、いろんな子どもが歌ったり歌手が歌ったりして、どんどん一人歩きしていくっていうことについては、作曲家冥利《みょうり》に尽きるというより、何となく複雑な気持ちです。あの曲は、あくまでも「ヒロシマ」のエピローグですからね。でも、独立しちゃって、まったく別なものになっちゃったから、私としては、自分の意思以外のところに行っちゃったっていう感じです。

繰り返しになりますが、だいたい、作曲なんていうのは、世の中に出ちゃうと、公共品ですから。みんなの財産ですよね。みんなが勝手に、たとえば違う言葉を付けてギャーギャーやっても、いいわけですから。

これは私の曲で、しかもその「ヒロシマ」という曲のエピローグだということをわかった上で歌っている人は、少しはいるかもしれません。でも、みんなわかっているとは思わないです。歌っているのは、子どもたちとか、ですからね。

前に、日本からお手紙をいただいて、たぶん大人で、ジャズをお好きな方だと思うんですけども、「ホープ」だけがああいうふうに取り上げられるのは心外、あの曲は「ヒロシマ」の冒頭からずっと聴いてきて初めて生きるという、そういう意見でした。ちょうどベートーヴェンの第九の合唱付きの最後のところだけをみんなが歌うような感じですね。作曲家として、自分の曲をいろんな人が歌ってくれるのは、すごく嬉しい、という意見もありますが、実はそんな感じでもないんです。

あれは、だいたい、もとが楽器曲だから、歌うにはちょっと難しい。音域が広いし、音が飛んでる。ルー・タバキンいわく「楽器でも演奏するのが難しい」と。満ちるも、決して歌いやすい曲ではないと言っています。

美智子妃殿下に捧げた曲

ここからは、二〇〇一年作曲の「ヒロシマ」以降の、秋吉敏子の新作について聞いてみたいと思う。

二〇〇三年にジャズ・オーケストラを解散、ピアニストとしての活動に専念した後は、彼女の作曲は数えるほどになった。しかしその中でも興味深い作品がいくつかある。

秋吉は、二〇〇六年、美智子皇后様をお祝いする曲を作った。

初めてお目にかかったとき

皇后様と初めてお会いしたのは、二〇〇五年一二月。浜離宮《はまりきゅう》ホールでの、私の朝日賞受賞記念コンサートに、いらしたときです。これが美智子様が初めて生で聴かれたジャズだったそうです。

美智子様がお見えになったのは休憩後のコンサート後半からで、それまでは誰も、いらっしゃることは知らされていないんですよ。もちろん、私は聞いていいましたが。

朝日新聞社の意向で、前半は朝日賞受賞の記念レクチャー風に「お話を中心にしてください」と言われました。いわゆるレクチャー・コンサートの感じです。それで、あとから聞いたのですが、客席にいる私の常連たちが「秋吉さん、今日はなんであんなに敬語ばっかり使ってんだろう」と思ったらしい。それで休憩時間にアナウンスがあって「二階に今日、皇后様がいらっしゃいますので、二階の席は全部クローズします」。それで二階の扉がカタッて音がして、美智子様が入られる気配がするのは舞台裏からもわかりました。

コンサートの終演に、ベースの鈴木良雄《すずきよしお》さんとドラム村上寛《むらかみひろし》さんと私が、緊張して最敬礼。終わってから「皇后様がお待ちになってらっしゃいますから」って、控え室までワーッて走ってきましたら、そちらでお待ちになっていました。立ってらして。背がお高いですからね。そして、二〇分ほどお話ししてお帰りになりました。そのときに一緒にいたルー・タバキンが「ご主人によろしく"Give my regard to your husband"」だって。ハズバンドって陛下のことですよ。もう、美智子様は、ほんと、ユーモアのセンス sense of humor があるからいいけども。昔だったらお手討ちですね。

「君が代」よりも短い曲に

その翌二〇〇六年、再び私のコンサート——上野文化会館でのコンサートに行きたいご意向がある、という話が来ました。ただし、そのコンサートの当日かその次の日かが、美智子様のお誕生日。それで皇居でいろいろご予定があるみたいで、「行かれません、残念ですね」って、そうおっしゃったんですね。それで、そのときに私が美智子様をお祝いする曲を作ったんです。曲のタイトルはお名前です。「エムプレス・ミチコ"The Empress Michiko"」。それで、どういう曲を書くか考えました。

まず、日本の国歌「君が代」って非常に短いんですよ。で、国歌というのは天皇陛下の歌ですからね。天皇のために書いたわけですから。皇后様の曲が、それよりも、あんまり長いといけないな、失礼だって思ったので、短くしようと決めました。だいたい一分から一分半の間の曲に。

それから、日本は今、モダンな国なので、あんまり日本風でもいけない。だけれども、西洋風でもいけない、西洋と違うんですから。そういうこと考えて書いた曲なんですね。

だから短くて、非常に日本的でもなければ、非常に西洋的でもない曲になりました。

その文化会館のコンサートでは、たまたま別のツアーでルー・タバキンが日本にいたので、この曲だけ彼にフルートの演奏を頼みました。コンサートの最後に、実は今日は美智子様のお誕生日ですので、「彼女のために作った曲を演奏します」と。あれが最初のご披露です。

それから実際にルーと一緒に皇居に行って、美智子様の前で演奏しました。ご感想というか、曲をお聴きになって特に何もおっしゃらなかった。陛下とお二人でお聴きになってらっしゃるから。こちらは生姜《しょうが》茶をごちそうになりました。

そして、その曲をニューヨークでレコーディングして、一枚だけCDを作って、差し上げました。録音では、ヴァイオリン四本を使いました。ルーのソロのフルートにヴァイオリンの伴奏とキーボード。ほんというとチェレスタが欲しかったのですが、スタジオにチェレスタがないのでキーボードにしました。私は演奏しないで指揮だけしました。それをCDにしたわけです。

ジャズとバッハ

前に「ヒロシマ」の曲が入っているCDを、差し上げたんですよ。二〇一六年、皇居におうかがいしたときに、それを、私と一緒にお聴きになるつもりだったと思うんですよ。どういうことかというと、そのうかがった日は、三笠宮《みかさのみや》親王殿下が亡くなられた次の日だった。それで女官長、つまり秘書の方が、「音を出せませんので」っておっしゃったからです。それで、たぶん「ヒロシマ」を一緒にお聴きになるつもりだったんだろうと思ったんですね。

そのときは、お話だけになって、それで、ピアノの話をしました。美智子様は、ご存じのように大変すばらしいピアニストです。毎年、草津《くさつ》音楽祭にいらっしゃって、ヨーロッパから来る音楽家の伴奏もされるし、それぐらい、達者でいらっしゃるから。でも、そういうピアノのお話は、天皇陛下とはあまりされないと思うんですよ。だから、そういうお話を、私と一緒にできるのが、大変楽しかったんじゃないかなと思うんですけどね。

ジャズとは、どういうものですか、と美智子様がお聞きになるので、「私の演奏するジャズは、土台はバッハです」と答えました。そしたら、ちょっと「ああ」っておっしゃって。

我々のビバップ・ジャズっていうのは、いわゆる、ベース進行、五度－一度（ファイブ・ワン）とか、二度－五度－一度（トゥー・ファイブ・ワン）が四度で動くのが基本ですからね。いわゆる、バッハが土台ですよね。たとえば、娘の満ちるが作る音楽は四度の進行ではなく横にいく音楽だから、ドビュッシーとか近代音楽のほうになっちゃうわけですよね。我々のはあくまでも、どこへ行っても、トゥー・ファイブ・ワン。そのバリエーションですからね。だから、それは何かっていったら、やっぱりバッハ。そんなお話をしたことを覚えています。

「レット・フリーダム・スウィング」と終わりのない旅

「レット・フリーダム・スウィング」は、二〇〇四年一〇月のニューヨーク・ジャズ・アット・リンカーン・センターのこけら落としを祝って委嘱された作品で、トランペッター、ウィントン・マルサリス率いるリンカーン・センター・ジャズ・オーケストラが初演した曲。曲中には、第三十二代アメリカ大統領、フランクリン・ルーズベルト夫人エレノア・ルーズベルトのテキストを使った。

これまで、ずっと自分のビッグ・バンド、ジャズ・オーケストラの演奏を念頭に作曲してきた彼女が、初めて他のビッグ・バンド（ジャズ・オーケストラ）のために書いた曲だ。「自分のバンドだったらもっとこうなったのに」といったような、自分のバンドと他のバンドとの違いみたいなものはあるのだろうか。

テーマは「フリーダム」

あのときは、私ともう一人、サックス奏者／作曲家のジミー・ヒースが委嘱を受けて一曲ずつ書きました。テーマとして「フリーダム」を与えられました。その曲「レット・フリーダム・スウィング」というのは、ある意味では組曲です。私の組曲というのは、分かれているのと続けて演奏されるのとありますが、これは続けるほうです。

で、ウィントンのビッグ・バンド（ジャズ・オーケストラ）を何回か聴いたんですが、彼はあんまりメインで演奏することなしに、だいたい、いつもサード・トランペットを吹いてる。でも、彼のバンドですからね、いちばん終わりのところを、彼が吹くようにというふうに作ったんですよ。それこそ、短いソロですけど。そしたら、彼、そのソロも他のトランペットの人にあげちゃったみたい。実際その演奏したとき、私はニューヨークを留守にしていなかったので、報告しか聞いてないんだけども。

「フリーダム」というテーマですけど、それをテーマにして曲を書くときに、ルーズベルト大統領夫人、アメリカ国連代表として世界人権宣言の起草に着手したエレノア・ルーズベルトのテキストを使いました。これは、委嘱を受けてから、どういうふうに曲を作ろうかなと考えて、エレノアのスピーチを入れたわけです。彼女、すごく恥ずかしがり屋だったそうですけどね。

でも、以前から彼女に興味があったわけではないんです。ずっと前にたまたま、エレノアを取り上げたドキュメンタリー番組を見たことがあって、彼女のことが頭に残っていたんでしょうね。曲想を考えたときに、彼女のことが頭に浮かんだわけです。彼女のいろんなスピーチを聞いて、調べて、これが私の今の気持ちに合うと思い、テキストを入れることにしました。

曲の冒頭でエレノアのテキストを朗読、ジャズ・オーケストラの演奏が入り、エンディングにもう一つ別のスピーチが出てきます。それはアフガニスタンの女性の話で、NHKで私の番組を何度も担当してくれた中村直文《なかむらなおふみ》さんの本『「アフガン零年」虹と少女』(NHK出版)から引いています。アフガニスタンの女性は働くことができないので、働くためには男に化けるしかない。虹の下をくぐると自由になれるという、アフガニスタンの伝説があるのですが、この本では、少年に扮《ふん》した主人公の少女が虹の下をくぐり、自分を縛《しば》っている現実から解放されるという話。アフガニスタンでは女性としてのフリーダムがないわけです。そこで、本から引用し、英訳を作りました。

私が基本的に委嘱を受けない理由っていうのは、結局は、知らないビッグ・バンドに書くのが嫌いなのです。作曲家の武満徹さんが前に、「秋吉さん、うらやましいな、自分のオーケストラを持つことができるなんて」とおっしゃったことがありました。

クラシックの作曲家連中というのは、たとえばオーケストラでも、室内楽でもいいですけども、演奏者一人ひとりの癖を考えて書くってことはまずありません。それで、彼が私にそうおっしゃったのです。

ジャズ・コンポジションっていうのは、そこがクラシックとは違うところだと思うんですよ。だから、これまで委嘱っていうのは、受けたことなかったのです。

リンカーン・センターから頼まれたとき、委嘱を引き受ける前に、リンカーン・センター・ジャズ・オーケストラを何回か聴きに行きました。それまでは、あそこにいるメンバーの中で、三人ぐらいのプレイヤーは個人的に知ってて、どういうプレイか知ってたんですけども、他の連中は全然知らなかった。それで、みんなの癖を聴いてから、曲を作ったわけです。

それでも、曲とオーケストラが一つにまとまって個性が出た、というところまではいってないわけですよね。ただ、なかなかいいプレイヤーがいたり、そういうところはありましたが。

たぶん、あのオーケストラとしてのキャラクターは、ないような曲になったと思います。いわゆる、曲のための曲、みたいな。変な言い方ですけど。

その「レット・フリーダム・スウィング」を二〇〇七年、ドイツのシュトットガルトにある南西ドイツ放送所属のSWRビッグ・バンドでも演奏しました。私が指揮に行ってリハーサルを二週間ギャーギャー練習して、コンサートをやって録音したのがCDになりました。やっぱり自分の持ってたオーケストラとだいぶ違うな、やっぱりドイツ、みたいな感じはありました。

エンドレス・ジャーニー

リンカーン・センターから受けた委嘱は、実はその前にもう一曲あって、それは二〇〇三年一月に、アリス・タリー・ホールで初演した「ドラム・カンファレンス」です。これは自分のジャズ・オーケストラの演奏で、ソリストとして、大太鼓の林英哲《はやしえいてつ》さんが来て叩《たた》いてくれました。委嘱のテーマは「パーカッション」。女性コンポーザー、マリア・シュナイダーも頼まれて、一曲ずつ披露しました。

この曲は全部で三楽章、その第二楽章に「エンドレス・ジャーニー」というタイトルをつけました。自分という音楽家は、終わりのない旅をしているようなものです。そういう思いをこめたタイトルです。

おわりに――生まれ変わっても秋吉敏子でいたいですか？

インタビューの最後に、もう一つだけ聞いてみたい。もしも、次に生まれ変わってくるとして、もう一度「秋吉敏子」をやりたいですか。激動で、大変な人生だったと思うんですけども。

あんまり考えたことないな。ちょっと、どうですかね。やっぱり、生まれ変わってもピアニストかな。たぶんね。私はピアノが非常に好きな人間ですからね。ピアノを弾いてるときがいちばん楽しいし。

ピアニストであり続けて、「ああ、もうこんな辛《つら》いの、金輪際《こんりんざい》いやだ」とか、ピアノと音楽で得た仕事の中で、「次の人生はもっと楽に生きたい」とか、そういうふうに思ったことは、ありますよ。それは、ピアノ弾くのが嫌じゃなしに、ピアノをちゃんと弾くには、土台、つまり、エチュードとかの、指慣らししなきゃいけないでしょう。バレエだったら足を伸ばしたり腕を上げたりするのと同じで、ピアノは最初、ハノン教則本ですよね。それをやるのが、大嫌いなんだけど、やらないといけないから。そういうときですね、嫌だなと思うの。それをやって、二時間ぐらいピアノを弾いとかないといけないかな、なんて思うときは、結局クラシックの、バッハを弾いたりします。そうすると、時間が割に早く経つわけです。

人間って、自分が生まれる環境っていうのは、もちろんコントロールできなくて、自分がポッと生まれて、気がつくと、自分はこういう時代の、こういう地域の、こういう家族の、こういう中にいるってわかる。たとえば、秋吉さんの場合は、満州の商社マンの家庭に生まれて、気がついたら、戦争直前で「大変なとこに来ちゃったな」とか、そういう気持ちはなかったですか。

あのね、子どものいいところというのは、私だけじゃないと思いますけどね、おつむてんてんなとこがいいと思う。シンプル、つまり、戦争とか、そういうこと考えない。私が七歳のときに、九歳の女の子がピアノ弾いてて「自分もあんなに弾きたい」と思った。これがピアノとの最初の出会いでしょう。それで、戦争が始まると隣近所から、批判ですよね。「こういう非常時にピアノなんか弾いて」なんて、言われてたわけです。ピアノ弾いてて、母から「早く行かないと学校に遅れますよ」なんて言われるぐらい、朝起きて、学校に行くまでもピアノ弾いてという、もう、ピアノから離れることできないっていうような感じだったんですよ。

それが、今はもう、いやいやながら。お尻に鞭《むち》打ってって感じですからね。でも、そのお尻に鞭打ってやんないと、実際に弾くときに、ちゃんと弾けないから。だから、しょうがないからっていう感じですよね。

日本にいたとき、弾いても弾いても弾き足りなかった。それで、コージー・カルテットの第一期と第二期の間のフリー・ランス時代も、たとえばナベシンこと渡辺晋さんなんかが演奏しているところに行って、彼らの休憩の時間にワーッとピアノを弾き、あっち行って弾き、こっちに行っても弾いてという感じでした。日本のクラブっていうのは、だいたい夜一一時頃に終わっちゃうんですよね。けれども、六本木にオールナイト営業で、ピアノだけ置いてるとこがありました。あれ、名前何ていったかな。とにかく、そこ行ってまた朝までギャーッて弾いてるとかね。

そういう時代がありました。

母国が日本で、仕事場がアメリカで、故郷が中国。次の私の人生もそういうことになるかどうか――いや、この次はどこで生まれるかわかんないじゃないですか。

でも、生まれ変わっても、次の人生もピアニスト秋吉敏子でいるだろうと、たぶんそうだろうと思います。何も、他のことはできないですから。

新作「マイ・ロング・イエロー・ロード」への思い
——聞き手のあとがきにかえて

岩崎　哲也

秋吉さんとのお付き合いは今年（二〇一七年）で二七年になる。二七年といえば長いようだが、秋吉敏子の音楽キャリア七一年の半分にも満たない年月にすぎない。彼女を四〇年、五〇年と熱心に応援しているファンや支援者を何人も知っているが、その方々に比べればまったくの若僧ということになる。今回、幸運にも「聞き手」として、秋吉さんの今の思いを伝える役を担うこととなったが、真っ先に頭に浮かんだのはその諸先輩たちのことだ。彼らに納得してもらえる内容にしなければ許してくれないだろう。同時に、秋吉敏子を最近知ったという新しいファンの方には、秋吉さんの言葉をわかりやすく正確に伝えたいと思った。

本書のインタビューを進めるなかで、秋吉さんはこれからの音楽生活について、誰かに聴いてもらうこともなく一人で、「家だけでやっていればいいかな」なんて思うときもあります。

と語っていた（本書第一章）。インタビューは、主に二〇一七年四月に行なったのだが、先立つ二〇一六年一〇月の毎日新聞の記事でも「引退ってのはないんです。終わりはないんです。それは必ずしも外で演奏するってことじゃない。むしろ家で研究しているほうがすきなんです」と、秋吉さんは述べていた。

このふたつの発言を重ね合わせると、これから先、彼女の音楽を聴く機会がなくなっていくのではないかと心配になっていた。インタビュー中にそのことを伝えると「でも、時々頭にポッと火がついてコンサートや録音をやりたくなることがあるんです」と笑う。

こちらとしては火がつくことを願うばかりだった。

急展開を見せたのは、インタビューから三カ月後のことだった。インタビューの文字起こしも終え、九月出版の予定で本書の原稿をまとめていた七月、ニューヨークの秋吉さんからの一通のファクシミリを受け取った。その内容に驚いた。

「今年の一二月に八八歳（米寿）になります。それで私はこれまでを振り返った曲をレコーディングしたいと思います。そして一二月に発売できるようにしたいと思います」

ポッと火がついたのだ。

ソロ・ピアノで録音したいと、続けて送られてきたリストには、なるほど、彼女のこれまでの楽歴の中で重要な曲ばかりが載っている。それだけではない。コンサートでしばしば演奏されるが、これまでのCDに入っていない曲や、初めて取り上げる曲もあり、彼女の頭の中の火がメラメラと燃え広がってきたのがわかった。

そして本書の刊行も一二月に延ばして、CD発売とタイミングを合わせることになった。

録音は九月の第二週を設定した。しかし、すでに九月三日は、ジャズ・アット・リンカーン・センターのディィジーズ・ジャズ・クラブでのトリオ出演が決まっている。同じ週に一晩のコンサートとフル・アルバムの録音というのはかなりハードだ。が、それも「大丈夫です」という返事。そこで、アルバムの録音は九月六日、七日で調整し、エンジニア依頼など準備を進めていった。

さて、なぜ秋吉さんは、このアルバムの録音を決意したのだろうか。その理由は、思わぬところから知ることとなる。

九月三日に出演するトリオのリハーサル中のことだった。ベースのスティーブ・ウィップルが、数日後に控《ひか》えたアルバム録音について、秋吉さんと話をしていた。話の流れで、アルバム制作のいきさつについて尋ねた。すると、

「ピアノを弾いていたら、鍵盤数が、自分の歳の数と同じ八八と気がついて、それで録音を決めた」

理由は鍵盤の数だった。

火がついた理由は意外とシンプルだったのだ。

録音の前々日、改めて彼女にその話を聞く。

「今年（二〇一七年）の一二月一二日で私は八八歳になります。ピアノのキーの数になるんですよ。普段はあまり年齢のことなど気にしないのですが、あるとき、ピアノを弾いていて鍵盤数が八八で歳と同じということに気がついたのですね。

ピアニストとしての人生を送り、ピアノの鍵盤数と同じ歳になった。そのことに気づいたとき、ピアノに恩返しじゃないですけどね、そこに意味を感じて、新しいアルバムを制作しようと思ったのです。

これまでの七〇年超の音楽家生活の中から特に自分の思い入れのある曲を選び、今の自分の気持ちを込めて録音をしたい。私の代表曲は『ロング・イエロー・ロード』、長い黄色い道、ですけど、このアルバムのために選んだ曲は、その道を一緒に歩いてきてくれた愛着のあるものばかりです」

九月六日、録音初日。ミッドタウンにあるシ

2017年9月7日、アルバム「マイ・ロング・イエロー・ロード」
録音スタジオでの秋吉敏子さん

エア・サウンド・スタジオのＣスタジオ。前作「ポーギーとベス」と同じスタッフ、エンジニアのデビット・ダーリントン、ピアノ調律のヤマハ、曽我紀之《そがのりゆき》さんが準備を進めるなか、本人が登場。ウォーミングアップの後、いきなり一〇曲続けて弾く。「速い曲はちょっと駄目ね。明日録り直しましょう」。

ここで今回の録音のゲスト、ベースの中村恭士《なかむらやすし》さんが登場し、デュオで四曲演奏。「まだリンカーン・センターの疲れが残っているみたいなので、今日はこれまでにします」と、予定より早く終わる。

翌九月七日は、再び中村さんとのデュオから、昨日の録音を確認して同じ曲を演奏。すぐオーケーとなりソロ・ピアノに戻る。次第にエンジンがかかり、速い曲も次々オーケーとなる。ピアノに向かい、叫び、足を踏み鳴らし、身体を前後左右に振り全力で弾き続けること二時間。すべてが終わってスタジオから出てきた表情は達成感に溢《あふ》れていた。

オーケーとなった録音を確認して総収録時間を計算するとＣＤ一枚分を超えていて、迷うことなく二枚組にする。八八歳の秋吉さんが八八鍵のピアノで語る「マイ・ロング・イエロー・ロード」が生まれた。

米寿のタイミングで、新作ＣＤと本書を同時に出せる運びとなり、こんなに喜ばしいことはない。インタビューが終わったとき、彼女は「長い時間、話をするのって、けっこう疲れますわね」と語った。一つひとつの質問に実に真摯《しんし》に答えてくれた。本当にお疲れさまでした。

最後に、秋吉さんとの連絡係を快く引き受けてくださったニューヨークのなら春子《はるこ》さんに感謝いたします。

本書で語られている言葉が多くの人々に届くことを願います。

二〇一七年一〇月

エンドレス・ジャーニー　終《お》わりのない旅《たび》

平成29年12月10日　初版第１刷発行

著　者　秋《あき》吉《よし》敏《とし》子《こ》
聞き手　岩《いわ》崎《さき》哲《てつ》也《や》
発行者　辻　浩明
発行所　祥《しょう》伝《でん》社《しゃ》

〒101-8701
東京都千代田区神田神保町3-3
☎03(3265)2081(販売部)
☎03(3265)1084(編集部)
☎03(3265)3622(業務部)

印　刷　萩原印刷
製　本　ナショナル製本

ISBN978-4-396-61634-2 C0095　Printed in Japan
祥伝社のホームページ・http://www.shodensha.co.jp/

１００字書評

エンドレス・ジャーニー　終わりのない旅

住所

名前

年齢

職業

切りとり線

★読者のみなさまにお願い

この本をお読みになって、どんな感想をお持ちでしょうか。祥伝社のホームページから書評をお送りいただけたら、ありがたく存じます。今後の企画の参考にさせていただきます。また、次ページの原稿用紙を切り取り、左記編集部まで郵送していただいても結構です。

お寄せいただいた「100字書評」は、ご了解のうえ新聞・雑誌などを通じて紹介させていただくこともあります。採用の場合は、特製図書カードを差しあげます。

なお、ご記入いただいたお名前、ご住所、ご連絡先等は、書評紹介の事前了解、謝礼のお届け以外の目的で利用することはありません。また、それらの情報を6カ月を超えて保管することもありません。

〒101―8701（お手紙は郵便番号だけで届きます）
祥伝社　書籍出版部　編集長　萩原貞臣
電話03（3265）1084
祥伝社ブックレビュー　http://www.shodensha.co.jp/bookreview/

◎本書の購買動機

________新聞の広告を見て	________誌の広告を見て	________新聞の書評を見て	________誌の書評を見て	書店で見かけて	知人のすすめで

◎今後、新刊情報等のパソコンメール配信を　　希望する　・　しない

◎Eメールアドレス

@

【本書の音楽関係用語解説】

アンサンブル＝合奏

インプロヴィゼーション＝即興演奏

エクステンション（拡張）コード＝和音の構成音の4、5、6番目の音を別の和音として違う調を響かせること

オクターブ＝音階（スケール）の8番目の音

オスティナート＝同じ音型の反復

オルタナティブ・ミュージック＝1980年代に生まれたロックを基本としてさまざまな要素を取り入れた音楽の名前

音階（モード）＝音の並び

カルテット＝4人編成

クインテット＝5人編成

グレン・ミラー系統＝1920年代に流行ったダンス音楽を演奏するグレン・ミラー楽団の影響を受けたこと

コード進行＝和音の進み具合

コンチェルト＝協奏曲

サスペンション＝和音のある一つの音を継続して奏すること

サブドミナント・コード＝導音に行く前の和音

ジャム・セッション＝事前に何も決めないでいきなり演奏すること

JATP（ジャズ・アット・ザ・フィルハーモニック）＝ジャズ・プロデューサー、ノーマン・グランツが企画したコンサートの名前

スタンダード＝一般的によく知られた楽曲

スピネット・ピアノ＝アップライトより一回り小さいピアノ

セッション＝演奏

セブンス（ナインス、イレブンス）＝主音に対して7番目の音（9番目の音、11番目の音）

チャーリー・パーカー系統＝1940年代に活躍した黒人アルト・サックス奏者、チャーリー・パーカーに影響を受けたこと

テンション＝和音の4、5、6番目の音

Dマイナー一発＝D音短調が曲の中で変わらず演奏されること

トニック（主音）＝曲の調性を決める音

トリオ（ピアノ・トリオ）＝3人編成（ピアノとあと二人の編成）

ドミナント（ドミナント・セブンス・コード）＝主音に解決する前の音、導音（主音に行く前によく使われる和音）

ニューポート・ジャズ・フェスティバル＝アメリカ合衆国ニューポートで毎年行なわれているジャズ音楽を演奏するお祭り

ハノン＝ピアノの教則本の名前

バークリー音楽学院＝アメリカ合衆国、ボストンにある音楽学校

ビッグ・バンド＝大人数で音楽を演奏する楽団

ビバップ＝1940年代後半から50年代に流行ったジャズの演奏スタイル

フュージョン＝1970年代に流行ったジャズとロックを混合した音楽の名前

ブリッジ＝曲の中で主要なメロディに続く中間部分のこと

ブロック・コード＝密集した和音

マイナー（Dマイナー・コード）＝短調（D音の短調の和音）

モード・ジャズ＝音の並びを使って演奏するジャズ

モンタレー・ジャズ・フェスティバル＝アメリカ合衆国カリフォルニア州モンタレーで毎年行なわれているジャズ音楽を演奏するお祭り

リズム・アンド・ブルース＝1950年代に主に黒人の間で流行った音楽の名前

リンカーン・センター＝アメリカ合衆国ニューヨーク州の中心部マンハッタン地区にある総合コンサート・ホール

【本書の主な人名解説】

キャノンボール・アダレイ
(Julian Edwin “Cannonball” Adderley)
アルト・サックス（1928年9月15日 - 1975年8月8日）/ マイルス・デイビスのグループで活躍。ソウル・ジャズ、ファンキー・ジャズの立役者の一人。「バード(チャーリー・パーカー）ジュニア」と呼ばれる。

ギル・エヴァンス（Gil Evans）
作編曲、ピアノ（1912年5月13日 - 1988年3月20日）/ 斬新な編曲でビッグ・バンド界に革命をもたらした。マイルス・デイビスとの共作が多く、「マイルスの知恵袋」とも呼ばれた。

デューク・エリントン
(Edward Kennedy “Duke” Ellington)
作曲、ピアノ、オーケストラ・リーダー（1899年4月29日 - 1974年5月24日）/ 生涯作曲数は2000以上と言われる。「公爵(デューク)」の名で、ジャズ界で最も尊敬を集めた存在。秋吉が作曲で最も影響を受けた。

ディジー・ガレスピー（Dizzy Gillespie）
トランペット、バンド・リーダー（1917年10月21日 - 1993年1月6日)/チャーリー・パーカーと共に、モダン・ジャズの原型となるスタイル「ビバップ」を築いた功労者の一人。ラテン・ジャズを推進させたアーティストとしても知られる。彼の作曲した「コン・アルマ」は秋吉の愛奏曲。

スタン・ケントン（Stan Kenton： Stanley Newcomb Kenton）
ピアノ、バンド・リーダー（1911年12月15日 - 1979年8月25日）/ 作・編曲家として多くの作品を手がける。自らのバンドを率い、そのメンバーからは多数の優れた才能を輩出、ウエストコースト・ジャズの大きな潮流をつくった。

ジョン・コルトレーン（John Coltrane）
テナー・サックス（1926年9月23日 - 1967年7月17日）/ 愛称はトレーン（Trane）。第一線で活躍した期間は10年余りと短いが、アルバムに換算して2000枚超の録音を残す。20世紀のジャズ最大の巨人。

マリア・シュナイダー（Maria Schneider）
作曲、ビッグ・バンド・リーダー（1960年11月27日 - ）/ 秋吉の次の世代をになう女性ビッグ・バンド・リーダーとして注目を浴びている。

アンリ菅野（アンリ　すがの）
ボーカル（1948年8月7日-2000年6月30日）/ 本名：梅山静子。1990年代を通して秋吉と親交があった。

宅孝二（たく こうじ）
ピアノ、作曲（1904年3月10日 - 1983年5月3日）/ 戦前にパリでピアノを学ぶ。戦後はジャズにも興味を持ち、秋吉に教えを乞うた。

武満徹（たけみつ とおる）
作曲（1930年10月8日 - 1996年2月20日）/ 日本を代表する現代音楽家。ほぼ独学で音楽を学ぶ。若手芸術家集団「実験工房」に所属し、映画やテレビなどで前衛的な音楽活動を展開。秋吉とは1950年代から交流を持ち、秋吉の帰国時のコンサートにはしばしば足を運んでいた。

ルー・タバキン（Lew Tabackin）
テナー・サックス、フルート（1940年3月26日 - ）/ 秋吉敏子の夫。フィラデルフィア音楽院で学び、1963年から1965年は陸軍で演奏。1966年ニューヨークに出て、メイナード・ファガーソン、キャブ・キャロウェイ、サド・ジョーンズ＝メル・ルイスの各オーケストラに参加。1967年夏に秋吉と出会い、1969年結婚。1972年、当時所属していたドク・セバリンセンのオーケストラの移転に伴ってロサンジェルスに移り、1973年には秋吉と共に「秋吉敏子＝ルー・タバキン・ビッグバンド」を結成。1982年にニューヨークに戻り、1983年1月「秋吉敏子ジャズオーケストラ フィーチャリング ルー・タバキン」を結成し、2003年に解散するまで、両バンドで30年にわたってプリンシパル・ソロイストとして数多くの曲でソロをとるなど中心的な役割を果たした。また自己のトリオでも活動している。

マイルス・デイビス
(Miles Dewey Davis III)
トランペット（1926年5月26日 - 1991年9月28日）/ アルバム「カインド・オブ・ブルー」「ビッチェズ・ブリュー」などで知られている。クール・ジャズ、ハード・バップ、モード・ジャズ、エレクトリック・ジャズ、フュージョン、ヒップホップなど、時代に応じてさまざまな音楽性を見せ、ジャズ界を牽引した。日本では、「ジャズの帝王」「モダン・ジャズの帝王」と呼ぶファンや評論家も多い。

服部良一（はっとり りょういち）
作曲(1907年10月1日 - 1993年1月30日) / ジャズ、ブルースなどを取り入れた和製ポップスを語るうえで外せない音楽家の一人。作詞家名は村雨まさを。

チャーリー・パーカー（Charlie Parker Jr.）
アルト・サックス（1920年8月29日 - 1955年3月12日）/1940年代初めから、モダン・ジャズの原型「ビバップ・スタイル」の創成に、ディジー・ガレスピーとともに携わったことから、「モダン・ジャズ（ビバップ）の父」とも言われる。愛称は「バード」。

バド・パウエル（Bud Powell）

ピアノ(1924年9月27日 - 1966年7月31日)/ビバップ・スタイルの第一人者。秋吉が最も影響を受けた、ジャズ・ピアニスト。

オスカー・ピーターソン
(Oscar Emmanuel Peterson)

ピアノ（1925年8月15日 - 2007年12月23日）/スイング期の流れを汲む奏法にモダンな和声感覚を取り入れたスタイルで、ジャズ界きっての超絶技巧を誇り、88鍵をフルに使いこなすダイナミックな演奏と流麗なアドリブから、「鍵盤の皇帝」の異名をとる。ミスタッチのほとんど無い極めて強靭なタッチと明快でハッピーな演奏が身上。1953年来日中に秋吉の演奏を聴き、彼女のレコード・デビューのきっかけを作った。

エラ・フィッツジェラルド
(Ella Jane Fitzgerald)

ボーカル（1917年4月25日 - 1996年6月15日）/ビリー・ホリデイ、サラ・ボーンと並び称される20世紀の女性トップ・ジャズ・ボーカリストの一人。13回のグラミー賞受賞に加え、イェール、ダートマス、プリンストン大学において名誉博士号を授与され、ジョージ・W・ブッシュからは大統領自由勲章を授与されるなど、レコードセールス、批評の両面で高い評価を受けた。

マイケル・ブレッカー
(Michael Leonard Brecker)

テナー・サックス（1949年3月29日 - 2007年1月13日）/ジャズにとどまらず、さまざまな音楽ジャンルで活躍。卓越した技術で知られる。

アル・ヘイグ（Allan Warren Haig）

ピアノ（1922年7月22日 - 1982年11月16日）/1950年代のビバップ期に活躍。

カウント・ベイシー
(William "Count" Basie)

ピアノ、バンド・リーダー（1904年8月21日 - 1984年4月26日)/グレン・ミラー、ベニー・グッドマン、デューク・エリントン等と共にスウィング・ジャズ、ビッグ・バンドの代表奏者。

オスカー・ペティフォード
(Oscar Pettiford)

ベース、チェロ（1922年9月30日 - 1960年9月8日）/ビバップ最初期に活躍。1956年の秋吉のアルバム「トリオ＆カルテット」に参加。

ハンプトン・ホーズ（Hampton Hawes）

ピアノ（1928年11月13日 - 1977年5月22日）/ビバップやハード・バップのスタイルの演奏で、1950年代に最も影響力のあったピアニストの一人。モダン・ジャズ草創期の日本に米軍の一員として滞在し、秋吉をはじめ多くの日本人ジャズメンとも交流、「ウマさん」というあだ名で慕われた。

チャーリー・マリアーノ
(Carlie Ugo Mariano)

アルト・サックス（1923年11月12日 - 2009年6月16日）/秋吉敏子の前夫。マンディ満ちるの父。スタン・ケントン・ビッグバンド、秋吉敏子、チャールス・ミンガス、エバーハルト・ウェーバー、ユナイテッド・ジャズ＋ロック・アンサンブル及び多数の他の注目すべきバンド、ミュージシャンと共演した。1970年代ヨーロッパに移り、その後ドイツ・ケルンに定住。shehnaiやインドの伝統管楽器ナダスワラムを世界大音量で使用したことでも知られる。

ウィントン・マルサリス
(Wynton Learson Marsalis)

トランペット(1961年10月18日 -)/ジャズ・アット・リンカーン・センターの芸術監督。ジャズのみならずクラシックの奏者としてもよく知られている。演奏家としてだけでなく、ジャズとジャズの歴史に関する知識の深さ、クラシック音楽の演奏家といった幅広い音楽活動により名声を博す。クラシックとジャズの両部門で9つのグラミー賞を獲得。2004年秋吉に新作を委嘱し自らのジャズ・オーケストラで初演した。

チャーリー・ミンガス（Charles Mingus）

ベース、作曲、バンド・リーダー（1922年4月22日 - 1979年1月5日）/人種隔離反対運動でも有名。1962年に秋吉を自分のグループのピアニストに抜擢した。

セロニアス・モンク
(Thelonious Sphere Monk)

ピアノ（1917年10月10日 - 1982年2月17日）/独特の即興演奏スタイルとともに、スタンダード・ナンバーの作曲でも知られる。

ジョン・ルイス（John Aaron Lewis）

ピアノ(1920年5月3日 - 2001年3月29日)/ジャズとクラシックの融合を目指した「サードストリーム・ミュージック」を追求。その延長線上で60歳を過ぎてからは、J.S.バッハ作曲の平均律クラヴィーア曲集第1巻・プレリュードとフーガ全曲に挑み、原曲に即興演奏を交えたその演奏は話題になった。また作編曲家としても卓越した業績を残す。秋吉の音楽を高く評価して、1972年のモンタレー・ジャズ・フェスティバルの共演相手に選んだ。

マックス・ローチ（Max Roach）

ドラム（1924年1月10日 - 2007年8月16日）/早い時期からビバップのスタイルで演奏していたドラマー。トランペットのクリフォード・ブラウンと組んだマックス・ローチ＝クリフォード・ブラウン・クインテットはジャズ史上最も高い人気を誇った。

【秋吉敏子 ディスコグラフィー】

01. トシコズ・ピアノ/秋吉敏子 (Norgran MGN-22)

秋吉敏子 (ピアノ) ハーブ・エリス (ギター) レイ・ブラウン (ベース) JC ハード (ドラムス)

録音:1953年11月13、14日 ラジオ東京スタジオ

02. 幻の“モカンボ”・セッション’54~守安祥太郎/秋吉敏子(Rockwell MRF 1020 / POCJ 2621-6)

秋吉敏子 (ピアノ、ベース (ディスク2-4)) 守安祥太郎 (ピアノ ディスク2-4)渡辺貞夫、海老原啓一郎、五十嵐明要(アルト・サックス) 宮沢明、与田輝夫 (テナー・サックス) 鈴木、栗田八郎、上田剛 (ベース) 原田寛治、清水潤、川口潤 (ドラムス)

録音:1954年6月27、28日 横浜クラブ・モカンボ

03. ザ・トシコ・トリオ/秋吉敏子 (Storyville STLP-912)

秋吉敏子 (ピアノ) ポール・チェンバース (ベース) エド・シグペン (ドラムス)

録音:1956年春~初夏 ニューヨーク

04. トリオ&カルテット/秋吉敏子 (Storyville STLP-918)

3、6、8 秋吉敏子 (ピアノ) オスカー・ペティフォード (ベース) ロイ・ヘインズ (ドラムス)
1、2、4、5、7 秋吉敏子 (ピアノ) ブーツ・ムッセリ (アルト・サックス) ワイアット・ルーサー (ベース) エド・シグペン (ドラムス)

録音:1956年7月 ニューヨーク

05. 秋吉敏子&レオン・サシュ・アット・ニューポート (Verve MGV-8236)

秋吉敏子 (ピアノ) ジーン・チェリコ (ベース) ジェイク・ハナ (ドラムス)

録音:1957年7月5日 ニューポート・ジャズ・フェスティバル

06. ザ・メニー・サイド・オブ・トシコ・アキヨシ (Verve MGV-8273)

秋吉敏子 (ピアノ) ジーン・チェリコ (ベース) ジェイク・ハナ (ドラムス)

録音:1957年9月28日 ニューヨーク

07. ユナイテッド・ネーションズ(Metrojazz SE-1001)

秋吉敏子 (ピアノ) ドク・セバリンセン、ナット・アダリー (トランペット) ロルフ・キューン (クラリネット) ボビー・ジャスパー (テナー・サックス) ルネ・トーマス (ギター) ジョン・ドリュー (ベース) バート・ダーランダー (ドラムス)

録音:1958年6月13日 ニューヨーク

08. トシコ=マリアーノ・カルテット (Candid CS-9012, CM-8012)

秋吉敏子 (ピアノ) チャーリー・マリアーノ (アルト・サックス) ジーン・チェリコ (ベース) エディ・マーシャル (ドラムス)

録音:1960年12月5日 ニューヨーク

09. 長い黄色い道/秋吉敏子(ASAHI SONORAMA)

秋吉敏子 (ピアノ) ジーン・チェリコ (ベース) エディ・マーシャル (ドラムス)

録音:1961年2月 東京

10. 秋吉敏子リサイタル (ASAHI SONORAMA)

秋吉敏子 (ピアノ) ジーン・チェリコ (ベース) エディ・マーシャル (ドラムス)

録音:1961年2月 東京

11. トシコ旧友に会う (King SKC-3)

秋吉敏子 (ピアノ) 渡辺貞夫 (アルト・サックス) 宮沢昭 (テナー・サックス) 原田政長 (1、2、5、6)、栗田八郎 (3、4、ベース) 富樫雅彦 (1、2)、白木秀雄 (3、4)、猪俣猛 (5、6、ドラムス)

録音:1961年3月7、8日 東京、杉並公会堂、
3月27日 東京、文京公会堂

12. イースト&ウェスト/秋吉敏子とチャーリー・マリアーノ(Nihon Record NS-1001)

秋吉敏子 (ピアノ) チャーリー・マリアーノ (アルト・サックス) ジーン・チェリコ (ベース) アルバート・ヒース (ドラムス)

録音:1963年3月30日

13. 魅惑のジャズ/トシコ・マリアーノ(Victor JV-5084)

秋吉敏子(ピアノ) 福原章(トランペット) チャーリー・マリアーノ(アルト・サックス) 宮沢昭 (テナー・サックス) 原田政長、荒川康雄 (ベース) 猪俣猛 (ドラムス)

録音:1963年 春 東京

14. ジャズ・ピアノ・イン・トゥー・スタイル/スティーブ・キューン&秋吉敏子(Dauntless DS-6308, DM-4308)

秋吉敏子 (ピアノ) スティーブ・キューン (ピアノ) バリー・ガルブレイス (ギター) デイブ・アイゼンソン (ベース) ジョン・ネベス (ベース) ピート・ラロッカ (ドラムス)

録音:1964年(1962年?) ニューヨーク

15. トシコ&モダン・ジャズ (Nihon Columbia PS-1126 / 30CY-1387)

秋吉敏子 (ピアノ) ポール・チェンバース (ベース) ジミー・コブ (ドラムス) 松本英彦、宮沢昭 (テナー・サックス) 岡崎広志、鈴木重男 (アルト・サックス) 原田忠幸 (バリトン・サックス) 竹村茂、森寿男、伏見哲夫、日野皓正 (トランペット) 松本文彦、片岡輝彦、青木武、鈴木弘 (トロンボーン)

録音:1964年7月16、17日 東京放送

16. トシコの子守唄(Nihon Columbia SW-7056)

秋吉敏子 (ピアノ) 荒川康雄 (ベース) 原田寛治 (ドラムス)

録音:1965年2月4、5日 東京

17. Buddy Rich-Louie Bellson acc. by George Kawaguchi Oechestra (Roost SLP-2264)

Buddy Rich, Louie Bellson (Drums), Blue Mitchell (Trumpet), Junior Cook (Tenor Sax), Toshiko Mariano (Piano), Gene Taylor (Bass), Benny Carter (Arr.) Brass &Read

Recorded January 18, 1965

18. トップ・オブ・ザ・ゲイトの秋吉敏子 (Nihon Columbia=Takt XMS-10008CT)

秋吉敏子 (ピアノ) ケニー・ドーハム (トランペット) ルー・タバキン (テナー・サックス&フルート) ロン・カーター (ベース) ミッキー・ロッカー (ドラムス)

録音:1968年7月30日 ニューヨーク、トップ・オブ・ザ・ゲイト

19. 秋吉敏子イン・ジャパン

秋吉敏子 (ピアノ) ルー・タバキン (テナー・サックス&フルート) ボブ・ドーティー (ベース) ミッキー・ロッカー (ドラムス)

録音:1970年8月18、19日 大阪万博ホール

20. トシコ・アキヨシ・ジャズ・ザ・パーソナル・ディメンション (Victor SPX-2)

秋吉敏子 (ピアノ) ルー・タバキン (テナー・サックス&フルート) リン・クリスティ (ベース) ビル・グッドウィン (ドラムス)

録音:1971年2月5日 ニューヨーク、カーネギー・ホール

21. メディテーション(Minorphone VC-6001)

秋吉敏子 (ピアノ) ルー・タバキン (テナー・サックス&フルート) リン・クリスティ (ベース) アルバート・ヒース (ドラムス)

録音:1971年2月23、26日 東京

22. ザ・パーソナル・アスペクト・イン・ジャズ (Victor CD4B-5007)

秋吉敏子 (ピアノ) ルー・タバキン (テナー・サックス&フルート) リン・クリスティ (ベース) アルバート・ヒース (ドラムス)

録音:1971年3月 東京

23. 秋吉敏子ソロ・ピアノ(RVC RCA-6270)

秋吉敏子 (ピアノ)

録音:1971年3月27日、4月4日 東京

24. 孤軍/秋吉敏子=ルー・タバキン・ビッグ・バンド (RCA-6246) BVCJ-37321

秋吉敏子 (ピアノ) ボビー・シュー、ジョン・マドリッド、ドン・レイダー、マイク・プライス (トランペット) チャーリー・ローパー、ジム・ソウヤー、ブリット・ウッドマン (トロンボーン) フィル・ティール (バス・トロンボーン) ディック・スペンサー、ゲイリー・フォスター、(アルト・サックス) ルー・タバキン、トム・ピーターソン (テナー・サックス) ビル・パーキンス (バリトン・サックス) ジーン・チェリコ (ベース) ピーター・ドナルド (ドラムス) スコット・エルスワース (ボイス)

録音:1974年4月、1975年2、3月 ロサンジェルス、ハリウッド、セイジ&サンド・スタジオ

★1974年度ジャズ・ディスク大賞銀賞受賞
★グラミー賞ノミネート

25. ロング・イエロー・ロード/秋吉敏子=ルー・タバキン・ビッグ・バンド(RCA-6296) BVCJ-37322

秋吉敏子 (ピアノ) ボビー・シュー、ジョン・マドリッド、スチュ・ブルムバーグ、リン・ニコルソン、ドン・レイダー、マイク・プライス (トランペット) チャーリー・ローパー、ジム・ソウヤー、ブルース・ポールソン、ブリット・ウッドマン(トロンボーン)フィル・ティール(バス・トロンボーン) ディック・スペンサー、ゲイリー・フォスター、ジョー・ロキザノ (アルト・サックス) ルー・タバキン、トム・ピーターソン (テナー・サックス) ビル・パーキンス (バリトン・サックス) ジーン・チェリコ (ベース) ピーター・ドナルド、チャック・フロレス (ドラムス)

録音:1975年12月1、2、3日 ロサンジェルス、サンセット・ハイランド・レコーディング・スタジオ

26. 花魁譚 (おいらんたん)/秋吉敏子=ルー・タバキン・ビッグ・バンド(RVP-6004)

秋吉敏子 (ピアノ) ボビー・シュー、スティーヴン・ハッフステッター、マイク・プライス、リチャード・クーパー (トランペット) ビル・ライケンバック、チャーリー・ローパー、ブリット・ウッドマン (トロンボーン) フィル・ティール (バス・トロンボーン) ディック・スペンサー、ゲイリー・フォスター (アルト・サックス) ルー・タバキン、トム・ピーターソン (テナー・サックス) ビル・パーキンス (バリトン・サックス) ドン・ボールドウィン (ベース) ピーター・ドナルド (ドラムス) キング・エリソン (コンガ)

録音:1975年12月1、2、3日 ロサンジェルス、サンセット・ハイランド・レコーディング・スタジオ

27. ロード・タイム/秋吉敏子=ルー・タバキン・ビッグ・バンド (Double Album RCA-9115)

秋吉敏子 (ピアノ) スティーヴン・ハッフステッター、ボビー・シュー、リチャード・クーパー、マイク・プライス (トランペット) ビル・ライケンバック、ジム・ソウヤー、ジミー・ネッパー (トロンボーン) フィル・ティール (バス・トロンボーン) ディック・スペンサー、ゲイリー・フォスター (アルト・サックス) ルー・タバキン、トム・ピーターソン (テナー・サックス) ビル・パーン (バリトン・サックス) ドン・ボールドウィン (ベース) ピーター・ドナルド (ドラムス) ヤザキ・キサク (太鼓)

録音:1976年1月30日 東京中野サンプラザ(1、2)2月7日 大阪厚生年金会館(3、4、5)2月8日 大阪サンケイ・ホール(6、7)

★グラミー賞ビッグ・バンド部門ノミネート

28. インサイツ/秋吉敏子=ルー・タバキン・ビッグ・バンド (RVP-6106) BVCJ-37324

秋吉敏子 (ピアノ) スティーヴン・ハッフステッター、ボビー・シュー、マイク・プライス、リチャード・クーパー、ジェリー・ヘイ (トランペット) ビル・ライケンバック、チャーリー・ローパー、ブリット・ウッドマン、フィル・ティール (トロンボーン) ディック・スペンサー、ゲイリー・フォスター (アルト・サックス) ルー・タバキン、トム・ピーターソン (テナー・サックス) ビル・パーキンス (バリトン・サックス) ドン・ボールドウィン (ベース) ピーター・ドナルド (ドラムス)、観世寿夫 (謡曲) 亀井忠雄 (太鼓) 鵜澤速雄 (小鼓)、ミチル・マリアーノ (歌) 堅田啓輝 (羯鼓)

録音:1976年6月22、23、24日 ハリウッド、ロサンジェルス

★1976年度ジャズ・ディスク大賞金賞受賞

29. デディケーション/秋吉敏子トリオ(Discomate DSP-5001)

秋吉敏子 (ピアノ) ジーン・チェリコ (ベース) ジミー・スミス (ドラムス)

録音:1976年7月19-21日 ロサンジェルス、ハリウッド、セージ&サウンド・レコーディング・スタジオ

30. デイ・ドリーム/ルー・タバキン(RVC RVP-6057)

秋吉敏子 (ピアノ) ルー・タバキン (テナー・サックス&フルート) ドン・ボールドウィン (ベース) 日野元彦 (ドラムス 1、2、3、5) ピーター・ドナルド (ドラムス 4)

録音:1、2、3、5、1976年2月13、14日 東京、4、1976年3月8日 ロサンジェルス

31. トラッキン/ルー・タバキン (RVC RDC-3)

秋吉敏子 (ピアノ) ルー・タバキン (テナー・サックス&フルート) ボブ・ドーティ (ベース) シェリー・マン (ドラムス)

録音:1976年 ロサンジェルス

32. マーチ・オブ・ザ・タッドポールズ/秋吉敏子=ルー・タバキン・ビッグ・バンド (RVP-6178, ASC-1005) BVCJ-37325

秋吉敏子 (ピアノ) スティーヴン・ハッフステッター、ボビー・シュー、マイク・プライス、リチャード・クーパー (トランペット) チャーリー・ローパー、ビル・ライケンバック、リック・カルバー (トロンボーン) フィル・ティール (バス・トロンボーン) ゲイリー・フォスター、ディック・スペンサー (アルト・サックス) ルー・タバキン、トム・ピーターソン (テナー・サックス) ビル・パーキンス (バリトン・サックス) ドン・ボールドウィン (ベース) ピーター・ドナルド (ドラムス) エミル・リチャーズ (パーカッション)

録音:1977年1月 ロサンジェルス

★グラミー賞ノミネート

33. デディケーションII/秋吉敏子 (Discomate DSP-5006)

1、3、5、7 秋吉敏子 (ピアノ) ボブ・ドーティ (ベース) ジミー・スミス (ドラムス)
2、4、6 秋吉敏子 (ピアノ) アンドリュー・シムプキンズ (ベース) ピーター・ドナルド (ドラムス)

録音:1977年4月25、26、27日 ロサンジェルス

34. ザ・ビッグ・アップル—ライブ・アット・ニューポート'77/秋吉敏子=ルー・タバキン・ビッグ・バンド (RVJ-6005)

秋吉敏子 (ピアノ) スティーヴン・ハッフステッター、ボビー・シュー、マイク・プライス、リチャード・クーパー (トランペット) チャーリー・ロパー、ビル・ライケンバック、リック・カルバー (トロンボーン) フィル・ティール (バス・トロンボーン) ゲイリー・フォスター、ディック・スペンサー (アルト・サックス) ルー・タバキン、ゲイリー・ハービグ (テナー・サックス) ビバリー・ダーク (バリトン・サックス) ドン・ボールドウィン (ベース) ピーター・ドナルド (ドラムス)

録音:1977年6月29日 ニューポート・ジャズ・フェスティバル

35. ライブ・アット・ニューポートⅡ/秋吉敏子=ルー・タバキン・ビッグ・バンド (RVJ-6088)

秋吉敏子（ピアノ）スティーヴン・ハッフステッター、ボビー・シュー 、マイク・プライス、リチャード・クーパー（トランペット）チャーリー・ロパー、ビル・ライケンバック、リック・カルバー（トロンボーン）フィル・ティール（バス・トロンボーン）ゲイリー・フォスター、ディック・スペンサー（アルト・サックス）ルー・タバキン、[illegible]（テナー・サックス）[illegible]ク（バリトン・サックス）ドン・ボールドウィン（ベース）ピーター・ドナルド（ドラムス）エミ・リチャーズ（パーカッション）

録音:1977年6月29日 ニューポート・ジャズ・フェスティバル

36. ジャスト・ビバップ/秋吉敏子（Discomate DSP-0012）

秋吉敏子（ピアノ）チャールス・マクファーソン（アルト・サックス）スティーヴン・ハッフステッター（トランペット、フリューゲルホルン5、6）ジーン・チェリコ（ベース1、2）ボブ・ボウマン（ベース3－7）ロイ・マッカーディ（ドラムス）

録音:1980年3月24、25日 ロサンジェルス、セイジ・アンド・サウンド・スタジオ

37. トシコ・プレイズ・ビリー・ストレイホーン/秋吉敏子（Discomate DSP-5011）

1、2、4、5、6、7 秋吉敏子（ピアノ）ジョン・ハード（ベース）ピーター・ドナルド（ドラムス）
3、8 秋吉敏子（ピアノ）ボブ・ドーティー（ベース）ジェフ・ハミルトン（ドラムス）

録音:1978年4月2、3、5日

38. フィネッセ/秋吉敏子（Concord Jazz CCD-4069）

秋吉敏子（ピアノ）モンティ・バドウィグ（ベース）ジェイク・ハナ（ドラムス）

録音:1978年5月 ロサンジェルス

39. 塩銀杏/秋吉敏子=ルー・タバキン・ビッグ・バンド（RVP-6031）BVCJ-37326

秋吉敏子（ピアノ）スティーヴン・ハッフステッター、ボビー・シュー、マイク・プライス、ラリー・フォード（トランペット）ビル・ライケンバック、ランディ・アルドクラフト、リック・カルバー（トロンボーン）フィル・ティール（バス・トロンボーン）ゲイリー・フォスター、ディック・スペンサー（アルト・サックス）ルー・タバキン、トム・ピーターソン（テナー・サックス）ビル・バーン（バリトン・サックス）マイク・リッチモンド（ベース）ピーター・ドナルド（ドラムス）

録音:1978年11月15、16日 ロサンジェルス

40. トシコ・プレイズ・トシコ（Discomate DSP-5014）

秋吉敏子（ピアノ）ジーン・チェリコ（ベース）ビリー・ヒギンズ（ドラムス）スティーヴン・ハッフステッター（トランペット）

録音:1978年12月5、6日 ロサンジェルス

41. すみ絵（RVJ-6061）

秋吉敏子（ピアノ）スティーヴン・ハッフステッター、ボビー・シュー、マイク・プライス、ラリー・フォード（トランペット）ビル・ライケンバック、フレディ・アルドクラフト、リック・カルバー（トロンボーン）フィル・ティール（バス・トロンボーン）ゲイリー・フォスター、ディック・スペンサー（アルト・サックス）ルー・タバキン、トム・ピーターソン（テナー・サックス）ビル・バーン（バリトン・サックス）ジョン・ハード（ベース）ピーター・ドナルド（ドラムス）

録音:1979年2月2、3日 埼玉入間市民会館

42. フェアウェル/秋吉敏子=ルー・タバキン・ビッグ・バンド（RVJ--6078）BVCJ-37327

秋吉敏子（ピアノ）バディ・チルダース、スティーヴン・ハッフステッター、ラリー・フォード、マイク・プライス（トランペット）リック・カルバー、ハート・スミス、ブルース・ファウラー（トロンボーン）フィル・ティール（ベース・トロンボーン）ダン・ヒギンズ、ゲイリー・フォスター（アルト・サックス）ルー・タバキン（テナー・サックス、フルート）ジョン・グロス（テナー・サックス）ビル・バーン（バリトン・サックス）ボブ・ボウマン（ベース）スティーブ・ホートン（ドラムス）

録音:1980年1月 ロサンジェルス

★グラミー賞ノミネート

43. トゥッティー・フルーティ/秋吉敏子トリオ&フルート・カルテット（Discomate DSP-5014）

秋吉敏子（ピアノ）ボブ・ボーマン（ベース）ジョーイ・バロン（ドラムス）

録音:1980年6月 ロサンジェルス

44. トシコから愛をこめて/秋吉敏子=ルー・タバキン・ビッグ・バンド

秋吉敏子（ピアノ）バディ・チルダース、スティーヴン・ハッフステッター、ラリー・フォード、マイク・プライス、リチャード・クーパー（トランペット）ジム・ソウヤー、ハート・スミス、ブルース・ファウラー（トロンボーン）フィル・ティール（ベース・トロンボーン）ダン・ヒギンズ、ゲイリー・フォスター、ボブ・シェパード（アルト・サックス）ルー・タバキン（テナー・サックス、フルート）ジョン・グロス（テナー・サックス）ビル・バーン（バリトン・サックス）エドワード・ベネット（ベース）スティーブ・ホートン（ドラムス）

録音:1981年3月24、25日 ロサンジェルス、デボンシャー・サウンド・スタジオ

45. メモワール/秋吉敏子=ルー・タバキン・ビッグ・バンド（RJL-8036）

秋吉敏子（ピアノ）バディ・チルダース、スティーヴン・ハッフステッター、ラリー・フォード、マイク・プライス（トランペット）デイブ・ボウマン、ハート・スミス、ブルース・ファウラー（トロンボーン）フィル・ティール（ベース・トロンボーン）マット・カティンガブ、ボブ・シェパード（アルト・サックス）ルー・タバキン（テナー・サックス、フルート）ジョン・グロス（テナー・サックス）ビル・バーン（バリトン・サックス）ボブ・ボウマン（ベース）ジョーイ・バロン（ドラムス）

録音:1982年9月21、22日 ロサンジェスル、マッド・ハッター・スタジオ

★グラミー賞ノミネート（ビッグ・バンド&ベスト・アレンジャー）

46. 秋吉敏子トリオ（East World EWJ-90022）

秋吉敏子（ピアノ）ジーン・チェリコ（ベース）ジョーイ・バロン（ドラムス）

録音:1983年5月27日 ロサンジェルス

47. テンガロン・シャッフル（ASC-1004 Baystate RJL-8098）

秋吉敏子（ピアノ）ルー・タバキン（プリンシパル・ソロイスト、テナー・サックス、フルート、ピッコロ）ジョー・モセロ、ジョン・エカート（トランペット）ハート・スミス、クリス・シーター（トロンボーン）フィル・ティール（バス・トロンボーン）フランク・ウェス、ジム・スナイデロ（アルト・サックス、ソプラノ・サックス、フルート）マイク・フォルマネク（ベース）スコット・ロビンソン（ドラムス）

録音:1984年5月24、25日

★1984年グラミー賞ノミネート（ビッグ・バンド&ベスト・アレンジャー）

48. タイム・ストリーム/秋吉敏子トリオ（East World EWJ-90034）

秋吉敏子（ピアノ）ジョージ・ムラツ（ベース）アーサー・テイラー（ドラムス）

録音:1984年6月23、24日 ニューヨーク

49. ウィッシング・ピース（Ken Music 27KEN-001, ASC-1006, STUDIO SONGS YZSO-10030）

秋吉敏子（ピアノ）ルー・タバキン（プリンシパル・ソロイスト、テナー・サックス、フルート、ピッコロ）ジョー・モセロ、ジョン・エカート、ブライアン・リンチ、クリス・ペイシン（トランペット）ハート・スミス、コンラッド・ハービグ、ケニー・ルップ（トロンボーン）マット・フィンダース（バス・トロンボーン）フランク・ウェス、ジム・スナイデロ（アルト・サックス、ソプラノ・サックス、フルート）ワルト・ワイスコフ（テナー・サックス、クラリネット）マーク・ロペマン（バリトン・サックス、バス・クラリネット）ジェイ・アンダーソン（ベース）ジェフ・ハーシュフィールド（ドラムス）ダニエル・ポンセ（コンガ）

録音:1986年7月21、22日 ニューヨーク

50. インタールード/秋吉敏子(Concord CCD-4324)

秋吉敏子（ピアノ）デニス・アーウィン（ベース）エディ・マーシャル（ドラムス）

録音:1987年2月 サン・フランシスコ

51. 四季/秋吉敏子(CROWN Ninty-one PAS-1006)

秋吉敏子（ピアノ）ジョージ・ムラツ（ベース）ルイス・ナッシュ（ドラムス）

録音:1990年7月2、3日 バン・ゲルダー・スタジオ

52. リメンバリング・バドークレオパトラの夢/秋吉敏子(CROWN Ninty-one PAS-1007)

秋吉敏子（ピアノ）ジョージ・ムラツ、レイ・ドラモンド（ベース）ルイス・ナッシュ、アル・ヘアウッド（ドラムス）

録音:1990年7月31日、8月1日 バン・ゲルダー・スタジオ

53. シック・レディ/秋吉敏子
(CROWN Ninety-oneCRCJ-9105)

秋吉敏子（ピアノ）ピーター・ワシントン（ベース）ルイス・ナッシュ（ドラムス）ジョン・エカート（トランペット、フリューゲルホルン）スコット・ロビンソン（アルト・サックス）ワルト・ワイスコフ（テナー・サックス）マット・フィンダース（バス・トロンボーン）

録音:1991年11月15、16日 ニューヨーク、クリントン・スタジオ

54. カーネギー・ホール・コンサート(Columbia-Sony)

秋吉敏子（ピアノ）マイク・ポネラ、ジョン・エカート、グレッグ・ギスバート、ジョー・マグナレリ（トランペット）ハーブ・ベッソン、コンラッド・ハーウィッグ、ラリー・ファーレル（トロンボーン）マット・フィンダース（バス・トロンボーン）フランク・ウェス、ジム・スナイデロ（アルト・サックス、ソプラノ・サックス、フルート）ルー・タバキン（フィーチュアード・ソロイスト、テナー・サックス、フルート、ピッコロ）ウォルト・ワイスコフ（テナー・サックス、ソプラノ・サックス、フルート）スコット・ロビンソン（バリトン・サックス、バス・クラリネット）ピーター・ワシントン（ベース）テリー・クラーク（ドラムス）西川ひろみつ（小鼓）吉沢まさかず（大鼓）フレディ・ハバード（トランペット2、3、6、7）シネーナ・フリーロン（ボーカル5）リッチー・フローレス（コンガ5）

録音:1991年9月20日 ニューヨーク、カーネギー・ホール

★グラミー賞ノミネート

55. ディグ/秋吉敏子(CROWN Ninety-one CRCJ-9115)

秋吉敏子（ピアノ）コンテ・カンドリ（トランペット）ワルト・ワイスコフ（テナー・サックス）ピーター・ワシントン（ベース）ケニー・ワシントン（ドラムス）

録音:1993年3月22、23、24日 ニューヨーク、サウンド・オン・サウンド・スタジオ

56. 砂漠の女/秋吉敏子ジャズ・オーケストラ
(Columbia-Sony SRCS 7438)

秋吉敏子（ピアノ）ルー・タバキン（フィーチュアード・ソロイスト、テナー・サックス、フルート、ピッコロ）マイク・ポネラ、ジョン・エカート、グレッグ・ギスバート、ジョー・マグナレリ（トランペット）ハーブ・ベッソン、ルイス・ボニラ、コンラッド・ハーウィッグ（トロンボーン）ティム・ニューマン（バス・トロンボーン）ジェリー・ドジオン、ジム・スナイデロ（アルト・サックス、ソプラノ・サックス、フルート）ウォルト・ワイスコフ（テナー・サックス、ソプラノ・サックス、フルート）スコット・ロビンソン（バリトン・サックス、バス・クラリネット）ダグ・ワイス（ベース）テリー・クラーク（ドラムス）ダニエル・ポンス（コンガ）

録音:1993年12月1-3日 ニューヨーク、クリントン・レコーディング・スタジオ

★1994年グラミー賞ノミネート(ビッグ・バンド&ベスト・アレンジャー)

57. ナイト・アンド・ドリーム/秋吉敏子
(CROWN Ninety-one CRCJ-9123 CRCJ-91002)

秋吉敏子（ピアノ）ピーター・ワシントン（ベース）ミッキー・ロッカー（ドラムス）ジョー・マグナレリ（トランペット）ワルト・ワイスコフ（テナー・サックス）スコット・ロビンソン（アルト・サックス、バリトン・サックス、バス・クラリネット）

録音:1994年6月19、20、23、24日 ニューヨーク、パワー・ステーション

58. 秋吉敏子アット・メイベック(Concord CCD-4635 Maybeck Recital Hall Sries Volume 36)

秋吉敏子（ピアノ）

録音:1994年7月10日 カリフォルニア、バークレー、メイベック・リサイタル・ホール

59. イエス、アイ・ハブ・ノー・4ビート・トゥデイ/秋吉敏子withブラジリアン・フレンズ
(CROWN Ninety-one CRCJ-9132)

秋吉敏子（ピアノ）リンカーン・ゴーインズ（エレクトリック・ベース）ドゥドゥカ・ダフォンセカ（ドラムス、パーカッション）バルチーニョ・アナスタシオ、イーボ・アラウフォ（パーカッション）スコット・ウェンドホルト（トランペット）スコット・ウィットフィールド（トロンボーン）レイ・スチュワート（チューバ）ルー・タバキン（フルート）ロバータ・クーパー（チェロ）

録音:1995年8月2、3、4、5日 ニューヨーク、パワー・ステーション

60. フォー・シーズンズ/秋吉敏子ジャズ・オーケストラ、フィーチャリング・ルー・タバキン
(BMG Japan BVCJ-638)

秋吉敏子（ピアノ）ルー・タバキン（フィーチュアード・ソロイスト、テナー・サックス、フルート、ピッコロ）マイク・ポネラ、ジョン・エカート、グレッグ・ギスバート、ジョー・マグナレリ（トランペット）ハーブ・ベッソン、ルイス・ボニラ、コンラッド・ハーウィッグ（トロンボーン）ティム・ニューマン（バス・トロンボーン）ジェリー・ドジオン、ジム・スナイデロ（アルト・サックス、ソプラノ・サックス、フルート）ウォルト・ワイスコフ（テナー・サックス、ソプラノ・サックス、フルート）スコット・ロビンソン（バリトン・サックス、バス・クラリネット）ダグ・ワイス（ベース）テリー・クラーク（ドラムス）ナガミネ・ケンイチ（津軽三味線）

録音:1996年7月 ニューヨーク、クリントン・スタジオ

61. トシコ・プレイズ・トシコ 時の流れ(タイム・ストリーム)/秋吉敏子 (CROWN Ninety-one CRCJ-9137)

秋吉敏子（ピアノ）ジョージ・ムラツ（ベース）ルイス・ナッシュ（ドラムス）ルー・タバキン（テナー・サックス、フルート）ゲイリー・フォスター（アルト・サックス、フルート）ボビー・シュー（トランペット、フリューゲルホルン）ジム・スナイデロ（アルト・サックス）ジョー・マグナレリ、ジョン・エカート、マイク・ポネーラ（トランペット）ハーベイ・エストリン、デビット・トファニ、トルディ・ケイン（フルート）

録音:1996年10月15、16日 ニューヨーク、アバター・レコーディング・スタジオ

62. 秋吉敏子ジャパニーズ・トリオ・ライブ・アット・ブルー・ノート東京'97 (CROWN Ninety-one CRCJ-9154)

秋吉敏子（ピアノ）鈴木良雄（ベース）日野元彦（ドラムス）

録音:1997年10月22－25日 ブルー・ノート東京

63. 秋吉敏子:モノポリー・ゲーム
(BMGメディアジャパン BVCJ-31003)

秋吉敏子（ピアノ）ルー・タバキン（プリンシパル・ソロイスト、テナー・サックス、フルート、ピッコロ）マイク・ポネラ、アンディ・グレイブス、ジョン・エカート、ジョー・マグナレリ（トランペット）スコット・ウィットフィールド、ルイス・ボニーラ、パット・ハーレン（トロンボーン）ティム・ニューマン（バス・トロンボーン）デイブ・ピエトロ（アルト・サックス、フルート）ジム・スナイデロ（アルト・サックス、フルート、クラリネット）トム・クリステンセン（テナー・サックス、クラリネット）スコット・ロビンソン（バリトン・サックス、バス・クラリネット）フィリップ・アーツ（ベース）テリー・クラーク（ドラムス）メモ・アチェベド（コンガ）バルティーニョ（パーカッション）正岡みや（琴）

録音:1998年6月23、24、25日 ニューヨーク、アバター・レコーディング・スタジオ

64. スケッチ・オブ・ジャパン/秋吉敏子
(CROWN Ninety-one CRCJ-91001)

秋吉敏子（ピアノ）フィリップ・アーツ（ベース）エディ・マーシャル（ドラムス除く6）カール・アレン（ドラムス6）原　朋直（トランペット7）山田　穣（アルト・サックス7）

録音:1999年1月14、15日(1−5)1999年2月8日(6)　ニューヨーク、アバター・レコーディング・スタジオ、1998年11月17日　東京CRSスタジオ(7)

65. トリビュート・トゥ・エリントン/秋吉敏子ジャズ・オーケストラ・フィーチャリング・ルー・タバキン
(BMG BVCJ-34005)

秋吉敏子（ピアノ）ルー・タバキン（プリンシパル・ソロイスト、テナー・サックス、フルート、ピッコロ）
マイク・ポネラ、ジム・オコーナー、ジョン・エカート、ジム・ロトンディ（トランペット）スコット・ウィットフィールド、スティーブ・アームー、パット・ハーレン（トロンボーン）ティム・ニューマン（バス・トロンボーン）デイブ・ピエトロ、ジム・スナイデロ（アルト・サックス、フルート）トム・クリステンセン（テナー・サックス、フルート）スコット・ロビンソン（バリトン・サックス、バス・クラリネット）ポール・ギル（ベース）アンディ・ワトソン（ドラムス）バルティーニョ（パーカッション）

録音:1999年3、4日　ニューヨーク、クリントン・レコーディング・スタジオ

委嘱:モンタレー・ジャズ・フェスティバル1999年

66. 秋吉敏子ソロ・ライブ・アット・ザ・ケネディ・センター
(CROWN Ninety-one CRCJ-9153)

秋吉敏子（ピアノ）

録音:2000年4月1日　ワシントン、ケネディ・センター、テラス・シアター・ライブ

67. ヒロシマ―そして終焉から/秋吉敏子ジャズ・オーケストラ・フィーチャリング・ルー・タバキン

秋吉敏子（ピアノ）ルー・タバキン（プリンシパル・ソロイスト、テナー・サックス、フルート、ピッコロ）マイク・ポネラ、ジム・オコーナー、ジョン・エカート、ジム・ロトンディ（トランペット）スコット・ウィットフィールド、スティーブ・アームー、パット・ハーレン（トロンボーン）ティム・ニューマン（バス・トロンボーン）デイブ・ピエトロ、ジム・スナイデロ（アルト・サックス、フルート）トム・クリステンセン（テナー・サックス、フルート）スコット・ロビンソン（バリトン・サックス、バス・クラリネット）ポール・ギル（ベース）アンディ・ワトソン（ドラムス）バルティーニョ（パーカッション）
ジョージ川口（ドラムス）元　長賢（笛）重森涼子（朗読）

録音:2001年8月6日　広島厚生年金会館

68. ニューヨーク・スケッチ・ブック/秋吉敏子
(CROWN Ninety-one CRCJ-9159)

秋吉敏子（ピアノ）ピーター・ワシントン（ベース）ケニー・ワシントン（ドラムス）

録音:2003年8月11、12日　ニューヨーク、アバター・レコーディング・スタジオ

69. ラスト・ライブ・イン・ブルーノート東京/秋吉敏子ジャズ・オーケストラ・フィーチャリング・ルー・タバキン
(Warner WPCL-10079)

70. ホープ/秋吉敏子(CROWN CRCJ-9160)

秋吉敏子（ピアノ）ジョージ・ムラツ（ベース）ルイス・ナッシュ（ドラムス）

録音:2004年12月16-19日　ニューヨーク、アバター・レコーディング・スタジオ

71. 渡米50周年記念日本公演/秋吉敏子
(T-TOC RECORDS TTOC-0006)

秋吉敏子（ピアノ）ルー・タバキン（テナー・サックス、フルート）ジョージ・ムラツ（ベース）ルイス・ナッシュ（ドラムス）

72. ヴィンテージ/秋吉敏子&ルー・タバキン
(T-TOC RECORDS-ALL ART TTOC-0014)

秋吉敏子（ピアノ）ルー・タバキン（テナー・サックス、フルート）

73. LET FREEDOM SWING / TOSHIKO AKIYOSHI AND THE SWR BIG BAND
(SWR Music CD 93.203)

Toshiko Akiyoshi (Piano), the SWR Big Band

Recorded at SWR U-Studio, Villa Berg, Stuttgart on May 9-12, 2007

74. ソロ・ライブ2004/秋吉敏子
(スタジオソングス　YZSO-10001)

秋吉敏子（ピアノ）

録音:2004年4月24日　岐阜多治見スタジオF

75. クラシック・エンカウンターズ
(スタジオソングス YZSO-10012)

秋吉敏子（ピアノ）本荘玲子（ピアノ）

録音:2010年5月　東京

76. 秋吉敏子ジャズ・オーケストラ・イン上海
(ポニーキャニオン PCCY-30181)

録音:2010年10月　上海

77. 1980秋吉敏子トリオ・イン・陸前高田
(ジョニーズ・ディスク JD-36-CD)

秋吉敏子（ピアノ）ボブ・ボウマン（ベース）ジョーイ・バロン（ドラムス）

録音:1980年6月13日　陸前高田市民会館

78. ジャズ・カンバセーションズ(ビクターVICJ-61740)

マンディ満ちる（ボーカル、フルート）秋吉敏子（ピアノ）ポール・ギル（ベース）マーク・テイラー（ドラムス）

録音:2015年1月　ニューヨーク

79. ポーギーとベス（スタジオソングス YZSO-10065)

秋吉敏子（ピアノ）ポール・ギル、ジョージ・ムラツ、中村恭士（ベース）ロドニー・グリーン、マーク・テイラー（ドラムス）

録音:2015年6月　ニューヨーク

80. マイ・ロング・イエロー・ロード（スタジオソングス YZSO10080)

秋吉敏子（ピアノ）中村恭士（ベース）

録音:2017年9月　ニューヨーク

【秋吉敏子 経歴】

1929年 (昭和4年)	旧満州遼陽に生まれる。7歳でクラシックピアノを習い始める。
1946年7月 (21年)	家族一同満州から引き揚げ、両親の故郷、大分に移住。
10月	別府市の「つるみダンスホール」でプロとして仕事を始める。
1947年 (22年)	福岡に進出、山田龍太郎バンドに認められて入る。
1948年 (23年)	山田氏の勧めで東京に進出。生駒徳二バンド、森亭バンド、東京ジャイブ、ブルーコーツオーケストラ、一番オクテット、ゲイスターズ、シックス・レモンズなどを経る。
1952年 (27年)	自己のグループ「コージー・カルテット」を結成。自己のスタイルを築きはじめる。また作編曲も始めNHK、ラジオ東京(現・東京放送)などの番組に定期的に出演、さまざまなジャズ・オーケストレーションを試み、この当時では珍しくフレンチ・ホルンをジャズに用いた。
1953年 (28年)	来日中のオスカー・ピーターソンに認められて、名プロデューサー、ノーマン・グランツのノーグラン・レーベルに初レコーディング。
1956年1月 (31年)	ボストンに渡米、バークリー音楽院に入学。
3月	自己のカルテット(ブーツ・ムッセリ、ビル・ルッソ、レス・ハリス)でボストンのジャズ・クラブ「ストーリービル」に毎週出演。
7月	ニューポート・ジャズ・フェスティバルに日本人として初めて出演。その後、定期的に自己のグループでアメリカ国内のフェスティバル、またクラブに学業の合間をさいて出演、レコーディングも続ける。
1958年 (33年)	日本人ジャズ・プレイヤーとして初めて、ASCAP (AMERICAN SOCIETY OF COMPOSERS AND PUBLISHERS)のメンバーに加わる。「マドモアゼル」誌からアメリカにおける、「ベスト・テン女性」の一人に選ばれる。
1959年 (34年)	バークリー音楽院大学を卒業、ニューヨークに移りチャーリー・マリアーノと双頭カルテットを結成。後にマリアーノと結婚、演奏活動を続ける。
1961年 (36年)	渡米以来、初めてカルテットを率いて帰国公演。また、渡米が困難だった当時、渡辺貞夫を日本人プレイヤー第2号としてバークリー音楽院に送るべく尽力した。
1962年 (37年)	チャーリー・ミンガスに迎えられ、彼のグループにサイド・マンとして参加するが、10カ月後に再び、自己のグループを結成。スタン・ケントン・クリニックの要請で、スタッフとして参加、4年にわたり、毎年、大学のジャズ・クリニックでピアノを教える。
1963年 (38年)	帰国、日本に滞在して演奏活動を続けながら後進を指導した。長女満ちるを出産。
1964年 (39年)	東京オリンピック参加作品として、ビッグ・バンドのために日本民族舞踊の動きを用いたユニークな作品を発表。以降、アメリカ文化のジャズ音楽と、日本の伝統文化との接点を探究し始める。
1965年 (40年)	再渡米し、自己のグループで演奏活動を開始。マリアーノと離婚。
1967年 (42年)	ニューヨーク、タウン・ホールで初のソロ・コンサートを行ない、ニューヨーク・タイムズ紙の批評家ジョン・ウィルソン氏に絶賛される。このコンサートのために書き下ろした「すみ絵」は日本の雅楽を取り入れたユニークな作品で、秋吉の代表作に。
1969年 (44年)	ジャム・セッションで知り合ったルー・タバキン(テナー・サックス&フルート)と再婚。
1970年 (45年)	大阪万博に招待されカルテットを率いて帰国。
1972年 (47年)	タバキンの仕事の都合でロサンジェルスに移住。
1973年 (48年)	タバキンの助言を得て自身でビッグバンドを結成し、長年の念願であったジャズ・オーケストラの作曲に、本格的に取り組み始める。
1974年 (49年)	最初のオーケストラ・アルバム「孤軍」を日本で発売。小野田少尉に捧げた曲「孤軍」は、能の鼓を取り入れたまったく新しいジャズ作品として大きな話題を呼ぶ。独特の和声編曲法は多くの若いアメリカ人ジャズ作曲家にも影響を及ぼす。
1975年 (50年)	黄色人種とアメリカ社会を考える「ロング・イエロー・ロード」、また江戸時代の悲話をテーマにした「花魁譚(おいらんたん)」などの作品を発表。
1977年 (52年)	水銀中毒の水俣事件を取り上げた問題作「MINAMATA」を発表。日本では、ジャズ・ディスク大賞の金賞を受賞、アメリカでは最も権威ある「ダウンビート」誌でベスト・アルバムに選ばれる。同年、ビッグ・バンド、作曲、編曲の3部門を制し、同誌では前代未聞の三冠王となる。
1978年 ~1985年 (53年~ 60年)	アメリカ・ジャズ界No.1ビッグ・バンドの地位を持ち続け、その後も常にトップ3の座を守る。定期的に日本、アメリカ、ヨーロッパ、カナダ、ブラジルなどで演奏活動を行ない、ワルシャワやベルリンのジャズ・フェスティバルでは、問題作「MINAMATA」を演奏して注目されるなど、日本のよき文化大使として活躍。そのほか日本をテーマにしたシンポジウムにもたびたび招かれ、オクラホマ大学では、日本文学の第一人者ドナルド・キーン博士が日本文学について語ったのに対し、ジャズの講義を行なった。

1986年（61年）　「自由の女神100年祭」に際し、ニューヨーク市長が高い功績のあった外国生まれの女性ニューヨーカー100人に贈った「リバティ賞」を、日本人でただ一人受賞。これを記念し、受賞の喜びをジャズ音楽に託して「リバティ組曲」を発表する。

1988年（63年）　アフリカ・ナイジェリアから5人のジャズ音楽家に贈られた「ルーツ賞」を受賞（アメリカ人3人、ドイツ人1人、日本人は秋吉）。

9月　ワシントンD.C.で開かれた「ブラック・コーカス会議」にスピーカーとして招かれ、経済的プレッシャーによるジャズ・オーケストラの経営困難と、それによって生じているデブロップメントの危機について語り、注目を浴びる。

1989年（平成元年）　福岡市ヨカトピア開催に際し、同市で発掘された大和朝廷の迎賓館「鴻臚館（こうろかん）」をテーマにした「鴻臚館組曲」を市長の要請で作曲、オーケストラを率いて帰国し、福岡市のヨカトピアで初演（7月23日）。

10月　ヨーロッパの大日本祭「ユーロパリア89」（開催国ベルギー）に自己のオーケストラを率いて出演。なお過去7年間にオスロ・ラジオ・オーケストラ、フランス・ジャズ・オールスター・オーケストラ、イタリア・シチリア・ジャズ・バンド、コンツベルグ・ラジオ・オーケストラ、シドニー・オールスター・ジャズ・オーケストラの指導に招かれている。

1990年　ビッグ・バンド活動のかたわら、ピアニストとしてのアルバム制作も再び始める。

1991年8月　横浜市より委嘱作「チルドレン・オブ・ザ・ユニバース」を「国際平和宣言都市会議」で初演。

9月　ニューヨーク、カーネギー・ホールでアメリカ滞在35周年記念コンサートを開く。

1994年　青森県森田村より委嘱、「組曲：フォー・シーズンズ（森田村の四季）」を初演。

1996年　浜松ジャズ・フェスティバルで音楽生活50周年記念コンサートを開く。

1997年　紫綬褒章受章

1999年1月　「国際ジャズ名声の殿堂（International Jazz Hall of Fame）」入り。

10月　デューク・エリントン生誕百年を記念してモンタレー・ジャズ・フェスティバルより委嘱された新作初演。

2000年　第16回東京都文化賞

2001年8月　広島の住職、中川元氏より委嘱を受けた「ヒロシマ―そして終焉から」初演（6日）、帰米後起きた同時多発テロに衝撃を受け、その第4楽章「ホープ」を世界から争いがなくなるまで演奏し続ける決意をする。

2003年1月　ニューヨーク・リンカーン・センターよりの委嘱「ドラミング」を和太鼓、林英哲をゲストにアリス・タリー・ホールで初演。30年続けたビッグ・バンド（ジャズ・オーケストラ）活動を終える事を宣言、10月にニューヨーク、カーネギー・ホールで解散コンサートを行なう。以降ピアニストとしての活動に専念する。

2004年　NHK番組「人間講座」8回シリーズに出演。8月ニューポート・ジャズ・フェスティバル50周年コンサート出演。

2005年　2004年度朝日賞受賞

2006年　ジャズ・マスター賞受賞

2008年　大分市よりの委嘱を受けて大分国体開会式の記念曲を作曲、天皇皇后両陛下出席の下、初演。

2010年　ジャズ・オーケストラを再結成して中国、北京と上海でコンサートを開催。

2011年8月　高松市の委嘱作品『サンセット・オブ・セト』初演。

2012年6月　ルース、アメリカ駐日大使主催の「秋吉敏子の夕べ」大使公邸で開催。

10月　音楽生活65周年記念コンサート「ジャズと生きる、そして希望～ホープ」を東京初台オペラ・シティ・タケミツ・ホールで開催。

2013年3月　NHK授賞式（22日）

4月　ジャズ・オーケストラ、ブルーノート東京公演（28日）。

2015年1月　満ちるとの初の親子共演アルバム録音。

6月　アルバム「ポーギー＆ベス」録音。

7月後半　満ちると帰国ツアー。

10月　文化会館コンサート（18日）。

11月　NHK101スタジオで収録（15日、16日）。

2016年2月　ジャズ・アット・リンカーン・センターでジャズ・オーケストラ・コンサートNHK収録（16日）。

4月　音楽生活70周年記念アルバム「ポーギーとベス」発売。NHKBSにてドキュメンタリー「TOSHIKO」放送。

9月　モンタレー・ジャズ・フェスティバルにトリオで出演（16日）。

2017年3月　ニューヨーク、フラッシング・タウン・ホールにてバリー・ハリスと2台ピアノ・コンサート（31日）。

9月　ニューヨーク、ジャズ・アット・リンカーン・センターにてトリオでコンサート開催（3日）。